Ⓒ

THE

ITINERARIES OF WILLIAM WEY,

FELLOW OF ETON COLLEGE.

TO JERUSALEM, A.D. 1458 AND A.D. 1462;

AND TO SAINT JAMES OF COMPOSTELLA, A.D. 1456.

FROM THE ORIGINAL MANUSCRIPT
IN THE BODLEIAN LIBRARY.

PRINTED FOR THE

Roxburghe Club.

LONDON:
J. B, NICHOLS AND SONS, 25, PARLIAMENT STREET.

MDCCCLVII.

The Roxburghe Club.

MDCCCLVII.

THE DUKE OF BUCCLEUCH AND QUEENSBERRY, K.G.

PRESIDENT.

THE DUKE OF DEVONSHIRE, K.G.
THE DUKE OF HAMILTON AND BRANDON.
THE DUKE OF SUTHERLAND, K.G.
HIS EXCELLENCY MONSIEUR VAN DE WEYER.
MARQUIS OF LOTHIAN.
EARL OF CARNARVON.
EARL OF POWIS, *V.P.*
EARL CAWDOR.
EARL OF ELLESMERE.
LORD VERNON.
LORD DELAMERE.
LORD DUFFERIN.
LORD WENSLEYDALE.
RIGHT HON. SIR DAVID DUNDAS.
HON. ROBERT CURZON, JUN.
SIR STEPHEN RICHARD GLYNNE, BART.
SIR EDWARD HULSE, BART.
SIR JOHN BENN WALSH, BART.
SIR JOHN SIMEON, BART.
SIR JAMES SHAW WILLES.
REV. BULKELEY BANDINEL, D.D.
NATHANIEL BLAND, ESQ.
BERIAH BOTFIELD, ESQ. *Treasurer.*
REV. WILLIAM EDWARD BUCKLEY, M.A.
PAUL BUTLER, ESQ.
FRANCIS HENRY DICKINSON, ESQ.
RALPH NEVILLE GRENVILLE, ESQ.
HENRY HALLAM, ESQ.
REV. EDWARD CRAVEN HAWTREY, D.D.
ROBERT STAYNER HOLFORD, ESQ.
ADRIAN JOHN HOPE, ESQ.
ALEX. JAMES BERESFORD HOPE, ESQ.
REV. JOHN STUART HIPPISLEY HORNER, M.A.
JOHN ARTHUR LLOYD, ESQ.
EVELYN PHILIP SHIRLEY, ESQ.
WILLIAM STIRLING, ESQ.
GEORGE TOMLINE, ESQ.
CHARLES TOWNELEY, ESQ.

INTRODUCTION.

In anticipation of a more detailed notice of the multifarious contents of this volume, it may be well to state that they are all connected with three pilgrimages of William Wey, two to Jerusalem in A.D. 1458 and A.D. 1462, and one to S. James of Compostella in A.D. 1456. In the following notices they will be referred to in the order in which they stand in this volume, without regard to their chronological sequence.

I. Of the author of the three Itineraries now first printed, little is known except what may be gathered from the writer's own account of himself, which will form a convenient introduction to such a brief biographical Memoir as the scanty materials, with difficulty collected from various quarters, will enable me to supply.

The narrative of the first pilgrimage commences thus: "In Dei nomine, Amen. Anno Domini M.cccc^{mo} lviii°. Ego Willelmus Wey, sacre theologie baccularius, Collegii Regalis Beatissime Marie Etone juxta Wyndesoram Socius perpetuus," &c. (p. 56). A similar description he gives of himself at the commencement of the second Itinerary, with some slight variations, interesting in an archæo-logical as well as a personal point of view. The introduction runs

a

thus: " In Dei nomine, Amen. Anno incarnacionis Dominice, M.CCCC.lxii. Ego Willelmus Wey, sacre theologie Baccularius, socius Collegii Beatissime Marie et sancti Nicholai Etone juxta Wyndesoram, Dei inspirante gratia, anno etatis mee lv^{to}; consecratus ad modum peregrinorum, iter meum versus Sanctum Sepulchrum Jhesu Christi arripui ab Etona predicta xxvi^{to} die Februarii," &c. (p. 82).

Here, it is observable, that while Eton College is called simply St. Mary's in the earlier Itinerary, it is in the later designated as St. Mary's and St. Nicholas's, of which joint dedication no trace is to be found in the Charter, Statutes, or Annals of Eton College, but which William Wey seems to have borrowed from the sister foundation at Cambridge, to which it of right belongs. This inaccuracy of name does not, however, in any way invalidate the statement that William Wey, B.D., was a Fellow of Eton.

Eton College was founded by Henry VI. and incorporated A.D. 1442. In the Charter, dated Shene, 11th October, 19th of Henry VI. the name of William Wey does not occur as one of the original Fellows, under Provost Sever,—with John Kette, clerk, William Haston and William Dene, fellows and priests,—nor can I ascertain on what authority Harwood introduces him into the list of Fellows appointed by the Founder (Alumni Etonenses, p. 51). He is said to have been a native of Devonshire, and a Fellow of Exeter College, Oxford, (Ant. Wood, Historia et Antiquitates Universitatis Oxon. lib. ii. p. 95,) from whence he must have been transferred to the Royal College at Eton, if not at its first foundation at least within the first decad of its existence.

I am indebted to my old tutor, the Reverend G. J. Dupuis,

Fellow of Eton, for the following authentic notices of William Wey's connection with that College. "He was certainly an original Fellow here. His name is in our books as attesting the admission of Richard Hopton, May 19, 1453, and also of John Gegur, November 7, 1453, to Fellowships in this College." But the most interesting notice of our author, for which I am indebted to the same friendly hand, is much more to our present purpose. It must be premised that the Eton statutes allow the Fellows only six weeks' absence in the year, except on College business, or for some other necessary, true, and legitimate cause, to be approved by the Provost and the more part of the Fellows. Whether a pilgrimage to the Holy Land came within the meaning of that exception may have been a difficult question for the body to decide, and William Wey's Fellowship would have been endangered had he set out on his journey without sufficient licence. In order to obviate this difficulty, he applied directly to the Royal founder, confident, no doubt, that any project suggested by pious devotion would find favour in the eyes of the King. Nor was he mistaken. There is, in the archives of Eton College, "an official letter from Henry VI. granting him leave and licence to travel in the East, notwithstanding the statutes which prevented him. I transcribe it.

"Trusty and well-beloved we grete you wele, and, forasmuche as we understonde that our well-beloved clerc Maister William Wey, oon of youre Felawes, entendeth in brief time by the grace of God to passe over the See on peregrinage, as to Rome, to Jerusalem, and to other Holy Places, and so humbly hath he soughte us to graunt unto hym our especial licence so to doo : Wee, having tendre consideration unto his blessed purpos and entent, have licensied hym to execute his said peregrinage, and wol that at suche tyme as he shall retourne unto our College that he be accepted there as a Felawe of the same, in like Wyse and Fourme as he now standeth therein, and that the yerely pension with other Deutes growing unto hym during his said peregrinage within our said College, be observed oonly and kept to his propre use unto his said Retournynge. And that this considering our License graunted unto hym and his good entent be doon, any statute or ordeynance made to the contrarie notwithstanding. Yeven under our Signet at our Castell of Kenelworth, the xi^th day of August.

"To our trusty and well-beloved the Provost and Felawes of oure College Roial of our Lady of Eton.'"

Mr. Dupuis adds: "I have no further particulars about him;" but with reference to the letter he says in a P.S. "The letter I have transcribed has no *year* attached to it as a date. But from other entries, before and after it, I know it to be 1457."

This last notice is interesting, as tallying precisely with the date prefixed to the narrative of his earlier itinerary, viz. 1458.

The work itself will claim a more detailed notice below; at present I confine myself to the personal narrative of the writer. There is no record, so far as I know, of the time when, or the manner how, he vacated his fellowship. I conjecture that he resigned on taking monastic vows; for, since Eton was founded expressly for secular priests, as was also the sister college at Cambridge, the monastic profession voided a fellowship in both colleges. And it is certain that William Wey was for some time an inmate of Edyngdon Monastery, in Wiltshire, which renders it highly probable that he had there made his profession of the rule of S. Austin, although it is not expressly stated; hereby following, in a remarkable manner, the fortunes of the house which he entered. For this priory of Edyngdon, or Edindon, otherwise called Hedington, having been originally founded by William de Edindon, Bishop of Winchester (circ. A.D. 1347), as a chantry for certain secular chaplains, was subsequently converted by its founder, with the permission of Robert Bishop of Salisbury, into a house of regulars (circ. 1358). The Charter of the second foundation ordains " ut hujusmodi cantaria et ecclesia secularis dictæ cantariæ unita in religionem erigatur, et ponantur ibidem fratres de ordine Sancti Augustini, Boni Homines vulgariter nuncupati," &c. (Dugdale's Monasticon, vol. vi. part i. p. 536. Tanner, Notitia Monast. p. 610.) At what time William Wey joined the brotherhood of the Good Men of Edyngdon cannot be ascertained, but the long list of church furniture, relics, and curiosities from Palestine, prefixed to this volume as having been presented by him to the monastery, testifies his attachment to the house, and may perhaps be taken as an indication that he joined it soon after his return from his second pilgrimage to the Holy Land, before his treasures had been dissipated.

Hence it was that in the 70th year of his age, he set out on his last pilgrimage—" consecratus ad modum peregrinorum," as on former occasions, I cannot doubt—and the following notice from the last leaf of the MS. will bring to a close the personal history of the author, and introduce some notice of his work. " ℣ ΕΛΕΟΣ " " Ex dono Magistri Wilhelmi Wey quondam socii Collegii Regalis beatissimæ Mariæ Etonæ juxta Windesoram huic Monasterio de Edyngdon; qui viz. Magister obiit Anno Dñi. Mº.cccc.lxxvi. xxxᵐᵃ die mensis Novembris. Ex domo mea nunquam egredieris." It

is strange that this notice should have escaped the diligence of
Antony Wood, who certainly had seen and studied the Bodleian
MS., which he faithfully describes and accurately cites, appending
this note to his description of the three tracts contained in the
volume : " Alia siqua scripsit non minus me latent *quam locus in
quo diem obiit*, et in quo tumulum consecutus est." (Ant. Univ.
Oxon. *ubi supra*.)   The concluding words of the above-cited notice
appended to the MS. are probably addressed to the volume itself.
I will ask leave to apply them, in concluding this biographical
notice, to the Good Man and leave him, where Isaac Walton leaves
Richard Hooker, resting in Abraham's bosom, after the toils of his
pilgrimage of three-score years and ten.

II. To proceed now to an account of the MS. and its contents :

It is a small quarto volume, very legibly written, probably by
the author himself, on vellum, with rubricated letters, but not illu-
minated, and is in an excellent state of preservation.   What was
its fate after the dissolution of the monastery does not appear ;
but it is right that the credit of two hexameter lines, written
on the fly-leaf at the end should be secured to that house, before
we trace the further history of the volume.   They have been frequently cited, but I am not aware that their origin is known.
Perhaps the specimens of Latin versification contained in the
volume itself may warrant us in assigning them to the worthy
author of the Itineraries.   At least the rhythm and prosody is
not unworthy of the remarkable Memoria Technica of the Holy
Places ; while the wisdom contained in the couplet must evidently
be the result of the long experience and careful observation of a
well-travelled man, far surpassing as it does the wise caution of

Horace—" Quid de quoque viro, et cui dicas sæpe videto." On the fly-leaf at the end of the volume is written—

" Si fore vis sapiens sex serva quæ tibi mando.
　　Quid loqueris, et ubi, de quo, cui, quomodo, quando.
　　　　　　　　　　　　　　" Edyngden Abbye."

The owner of the book, about the beginning of the seventeenth century, was one Mr. Tempest, who disposed of it in 1624 to some body, public or private, as appears from the words " Ex dono M^{rt} Tempest, 1624," on the inside of the cover at the beginning. The only other name connected with the MS. is that of " John Ed-wards," which appears at the end, immediately below the note ; " pro ligatura hujus libri et 47tem literis iii^d."

To proceed now to the contents of the volume, in which it will be observed that the earliest pilgrimage is the one last recorded, which may, however, be owing to the carelessness of the binder rather than to want of method in the writer. The " Proem by the author " is very curious, as giving the rate of exchange between England, by way of Rome, and Venice, as far as " Surry "—the homely orthography for Syria—the "*noble*" being taken as the standard.

In remarkable anticipation of Mr. Murray's most useful hand-books, our worthy traveller next dots down for the use of future pilgrims the necessary " preuysyoun " for the way, which, however, could be most conveniently made, he says, at Venice. The very quaint and sensible directions contained in this chapter mark a man of shrewd, practical common-sense, and the modern traveller who wishes to preserve his health, economise his money, and consult his comfort, might have a worse guide than William Wey ; while the trials, to which he so feelingly alludes, from harpies in various forms, and the rascally patron and boatmen of the Venetian galleys, are singularly parallel to the inconveniences which the writer of the last popular book of Eastern travels may have described for the thousandth time, for the amusement of his readers.

These two introductory chapters furnish a striking evidence of the strength with which the tide of pilgrimage set towards the Holy Land in the middle of the fifteenth century; and the numerous unpublished itineraries of that period which still exist in public and private libraries furnish additional evidence of the same fact. It would, however, involve too long a digression to attempt even a brief survey of the literature of the subject. It may therefore suffice to say, that by far the fullest and most important work of the latter half of the fifteenth century is that of Felix Faber, lately edited by Professor Hassler for the Literary Society of Stuttgard. He, like William Wey, twice visited the Holy Land; first in A.D. 1480, and next in A.D. 1483. Any one who would investigate the state of the traditions of Palestine in William Wey's time, or any other branch of the subject, will find an inexhaustible store of information and amusement in the three volumes of that very interesting and intelligent writer. Dr. Robinson has collected notices of other published works of the same period, which it will be sufficient to have alluded to.

After the two introductory treatises above referred to, follows a curious metrical account of the journey, describing in quaint English verse, after the manner of Lydgate, the various sacred sites in and about Jerusalem; and then in the most unmelodious Latin hexameters, a " memoria technica " of the places, and of the best disposition of the time required to visit them; and it may be a question worthy the consideration of some enterprising publisher, whether such an ingenious method might not be adopted to assist the memory and promote the convenience of modern travellers.

Then follows a statement of ten motives for visiting the Holy Land, in which mere curiosity does not bear so prominent a place as it would at this day. The authority of Pope Leo, S. Bridgett, and S. Jerome is here quoted with great effect; and occasion is taken to enumerate the places of pilgrimage and the amount of indulgence to be merited at each, which was of course one forcible motive for the journey in those days. Here again Latin prosody is tortured to assist the pilgrim; and it may be questioned whether Grey himself, in his artificial memory, ever struck upon such a rich vein of crabbed jargon as is exhibited in such lines, e. g. as,

> " Pe cal gal decol avete respice Calva ; "   or,
> " Indulgens ascen Pel Beth cre pa pre la Marie."

all which really has an intelligible meaning, which it only requires the proper key to interpret.

As this was evidently, in the opinion of the writer, by far the most important and valuable part of his work, so was it that which he elaborated with the utmost care and diligence; and, as the traditionary sites had been all fully identified and established during the Frank occupation of Palestine, there was abundant material for his ingenuity to work upon, and every minutest particular of the Gospel narrative has its appropriate place in this record of mediæval superstition and barbarous latinity.

The narrative of the first pilgrimage follows this description; not so fully written as the second, but containing a few notes of time

b

which it may be useful to record. The journey from Eton to
Venice *viâ* Rome is here dismissed without notice. Leaving Venice
on the 18th of May, he reached Jaffa on the 18th of June, but did
not land until the 21st, one of 197 pilgrims conveyed thither in
two galleys; arrived at Jerusalem on the 24th, left it again on
the 2nd of July, and Jaffa on the day following, having made
such diligent use of the thirteen days that not one of the many
stations enumerated in the preceding list was left unvisited. He
reached Venice on his return in sixteen weeks from the time of his
departure, and the whole time occupied in his journey from Eton
and back was thirty-nine weeks. The list of towns, with the inter-
mediate distances, appended to this first Itinerary, is not the least
interesting part of the volume, and enables us to trace the pilgrim's
route through Belgium, Germany, Lombardy, and Italy. But more
of this presently.

His second Itinerary follows, in which he gives a more detailed
account of his journey through the continent of Europe until he
arrived at Venice. His line of route will be traced at the close of
this Memoir, and an attempt made to identify the various towns by
which he passed, although, in some cases, the strange orthography
which he adopts has very effectually concealed them from identification.

There are, however, a few incidents which deserve to be noted,
as serving to illustrate the troubled state of the continent of
Europe at the date of his second pilgrimage, *i.e.* in 1462. Arrived
with his companions at " Aquisgravis (*sic*) vulgariter vocatis Acon "
—Aix-la-Chapelle—they were recommended by certain wise men to
make a detour from the direct route, in consequence of a war then

raging between two bishops on the Rhine. At Basel, a war between the Pope (Pius II.), and the Duke of Austria (Frederic III.), obliged them again to alter their course, in order to avoid the sentence of excommunication with which the Pope had threatened all who should pass through the hostile territory.

The Easter ceremonies at Perysyn, two miles from Trent, seem to have astonished him and his two companions (who, we here incidentally learn, were also named William, and were priests like himself), from which fact we must conclude that our national solemnities connected with the Easter sepulchre were different from those which he witnessed and described in the church of Pergine.

The party arrived at Venice on the 22nd of April, having sailed from England on the 13th of March. Their visit was well-timed; for on the vigil and feast of S. Mark (April 24 and 25) they witnessed the gorgeous ceremonial of that great anniversary in the cathedral of Venice; and the full description of the almost fabulous wealth of this church, and the detailed account of the pomp and magnificence of the Doge, when he visited the cathedral in state, furnishes one of the most interesting extant descriptions of the Queen of the Sea in the zenith of her power. The constitution of that Republic is also briefly described; and its vast importance as an outwork of Christendom against the formidable power of the Turks was evidenced by an armament of eighty war-galleys laid up in its docks, with large stores of arms and ammunitions in its arsenals.

Our traveller remained in Venice from April 22 to May 26, in which interval the Doge Pascale Malopero, whom he had seen in the pride of his power in St. Mark's, died, on the 3rd of May, and, after lying in state in his palace for three days, was carried to his sepulture in the wall of the church of the Minorites, with scarcely less pomp than had attended him to the celebration in S. Mark's, arrayed in a dress of cloth of gold, with his face uncovered, his head resting on a pillow of cloth of gold, girded with a sword in a gilt scabbard.

The election of his successor followed, the solemnities attending which are fully detailed by our author. Christoforus Mauro, otherwise called Moro, was elected, and immediately sent ambassadors to make peace between the Pope Pius and the Duke of Austria.

The origin of the remarkable annual ceremony of the Doge wedding the sea is traced back to the time when Pope Alexander III. fled from Rome for fear of the Emperor Frederic [Barbarossa], and came incognito to Venice. And here our usually accurate author falls into a slight anachronism, which may be corrected in passing, although the error is of very slight importance. He says that the disguise in which the Pope escaped from Rome was the habit of a Friar Minor. But as this event happened in A.D. 1177, and S. Francis, the founder of that order, was not born until A.D. 1182, the year following Pope Alexander's death, it is obvious that this statement requires correction. The main facts are certainly historical, and the annular ceremony annually performed on Ascension Day, with singular prerogatives enjoyed and privileges exercised by the Republic, kept in memory for centuries the fact of its having afforded an honourable asylum to the Holy Father during his exile, and enabled him literally to humble his proud rival under his feet, with the memorable application of the text, " Super aspidem et basiliscum ambulabis, et conculcabis leonem et draconem."

The enumeration of the relics of Venice is followed by a Latin translation of the second treatise prefixed to the work, on the provisions to be made at Venice for the further prosecution of the journey, among which deserve to be noticed the direction to purchase, near S. Mark's, a feather-bed, mattress, two pillows, two pair of sheets, and a small quilt, for three ducats, which you might dispose of, at the same shop, on your return, for half the cost price, and the recommendation to exchange at Venice ten or twelve ducats " pro nonis (*lege* novis) grotis Venetie," because after passing this place you will never get more than twenty-four or twenty-six for the ducat. The necessity of choosing an upper berth for the advantage of light and air, and of binding the patron of the galley by a bond more stringent than Shylock exacted of the merchant of Venice, savour of sufferings and inconveniences endured on his first voyage; while the wisdom of the injunction to secure the best ass by an early application at Jaffa, because you will have to pay no more for a good one than for a bad one, will be fully appreciated by every one who has been reduced to the necessity of a " Hobson's choice " in the ill-appointed livery-stables of that most miserable of all wretched ports, even in that country.

Sailing from Venice on the 26th of May our travellers touched at many ports on the eastern coast of the Adriatic; reached Corfu on the 21st of June, and Axtis on the 27th, where they received the joyful intelligence of the defeat of the Turks in Wallachia, on the festival of Corpus Christi, with a loss of thirty thousand killed, the circumstances of which are detailed more fully in connection with our author's account of the Knights of Rhodes, in his description of that island on his return from the Holy Land (pp. 99—101). The joy occasioned by this intelligence was, however, somewhat damped by the news which reached them at the same time of the occupation of the Peloponesus by the Turks.

The galley reached Rhodes on the 3rd of July; Pafas (*Baffa*), in Cyprus, on the 9th; and Jaffa on the 16th, six weeks from Venice. The pilgrims arrived at Jerusalem on the 19th, and left it again on the 26th, a short sojourn after so long a journey; but our author contrived not only to revisit all the usual stations of pilgrimage, but to resolve eleven doubts which had perplexed his mind touching some of the antiquities and traditions of Jerusalem. Not that any question had then been raised concerning the principal traditions of Jerusalem: but the cessation of the Holy Fire, which had been continued during the Frank occupation of the city,—the sepulchre of Josaphat, in connection with the valley called by his name,—the situation of the tombs of David and Solomon, and of S. Joseph,—and other similar points, presented difficulties to William Wey which he resolved on the 25th of July, the last day of his stay at Jerusalem, very much to his own satisfaction. The disturbed state of Palestine at that time prevented the pilgrims from visiting the Jordan and Quarantania; for the sultans of Babylon [Egypt] and Damascus were contending for the dominion, and the country swarmed with Arabs, those of Jericho having collected their goods and taken up their abode in Jerusalem for greater security. Arrived at Jaffa, on their return, they paid their *caphar* of fifteen ducats per man to the Saracens, when the arrival of a new governor of Jerusalem obliged them to defer their departure two days, and the patron,

Andrew Morason, was forced to pay the additional sum of fifty ducats to this new pasha.

Arrived at *Baffa*, on their return (August 7), they found it in occupation of the infidels; and at Candia they learned from a man just arrived from Constantinople that an armament of three hundred Turkish galleys had been fitted out against Rhodes; but the writer adds, " quo tamen ivit nescimus." They arrived at Venice on the 11th of October, and landed at Dover on the 1st of December, after an absence of thirty-seven weeks and three days.

The Itinerary is followed by a very curious Greek vocabulary, which the author inserts for the use of future pilgrims; for, he shrewdly remarks, that, as they will have to journey through divers countries, " necessarium est ut aliquid sciant de linguis illis, per quæ possunt petere victualia." This vocabulary, which, by the way, clearly proves that our learned clerk was not quite at home in the Greek language, may exercise the ingenuity of the Modern Greek scholar, but would not repay the space requisite for minute criticism.

Of the other treatises which follow, being partly repetitions, partly amplifications, or illustrations of the preceding Itinerary, there is one which requires fuller notice, both as having very great antiquarian interest and also as exhibiting the diligence and learning of our author, even more than the volume which is now under review.

III. When I was prosecuting my investigations among the Manuscripts in the Bodleian, to which I owe my first introduction to William Wey, my friend Mr. Coxe, whose kind attentions

I avail myself of this opportunity of acknowledging, put into my
hands a very curious and interesting map of the Holy Land.
I was struck, at first sight, by the similarity of the writing of
this map to the Itinerary of William Wey; but that might be
accounted for by its date, and did not necessarily imply any
identity of authorship, nor, in fact, any connection between the
two. The heading, however (in p. 128), "*In tabula ista sequenti
continentur omnia in mappa Terræ Sanctæ*," led to a comparison
of the names in the table with those in the map, and convinced
me that the map before me was the one referred to. Had any
doubt remained, it would have been removed by the following
chapter (p. 132), headed, "*Nomina civitatum*, &c. *in mappa mea
de Terra Sancta*," where, after an alphabetical list of names,
which are all to be found in the map, there follows (p. 138),
"*Distancie locorum in Terra Sancta*," which is almost an exact
transcript of a table, with the same heading, prefixed to the map
itself.

This very curious and early example of English chartography
well deserves a special notice; and its connection with the author
of the Itinerary, which may now be said to have been demonstrated,
will excuse, if it does not demand, the introduction of such a notice
in this place.

The map, beautifully executed on paper, is 7 feet in length by
16½ inches wide. Prefixed to it is a list of distances, which, as
has been just intimated, so closely resembles that inserted in this
volume (pp. 138—140), as to leave no doubt of the identity of
authorship; while the variations serve to indicate that William
Wey was not a servile follower of an earlier authority, but a

corrector of his own earlier work. A few examples of the variations may here be adduced. Following the fourth entry in the Itinerary, there stands on the map, "Milliario p° a decensu est locus in quo Dominus pavit v. millia hominum ex v. panibus et duobus piscibus." This is altogether omitted in the book. In the book we have "Miliario 2° a Magdalo Castro est Tyberiadis" (sic), in the map it is "Milliario 1° a Magdalo Cenereth vel Tiberias," and in the preceding notice the "Magdalum Castrum" of the book is "Magdalum opidum" in the map. The next entry in the map is altogether omitted in the book, "Milliario v¹⁰ a Tyberiade Bethulia ci." Then the words of the book appended to the name Nazareth, "in qua Christus conceptus fuit," are omitted in the map; as are also the two aliases of Acon, "Acris sive Tholomayda." Similar variations occur throughout the two lists; and in some places the order of the names in the two is varied in an apparently arbitrary manner, while the distances throughout are uniform.

To proceed with the description of the map. It commences on the left (which is here the north) with Damascus, and is continued as far south as Hebron and Beersheba. The lower edge represents the sea-coast, the first maritime city being Sidon, the last Gaza. The sites of the principal cities are indicated not only by their names, but by representations of buildings, carefully executed in colours, sometimes with figures of the principal personages historically associated with the particular locality, and generally with a note; occasionally also with an illustration of the Scripture events for which they were most celebrated, as, e.g., Cana of Galilee has for its device the six water-pots of stone; and Bethel, Jacob's ladder. The mountains and plains are coloured green; the lakes, rivers, and water-courses, blue. The Sea of Tiberias abounds in fish and eels: the Dead Sea is so transparent, as to allow the four submerged cities to be visible beneath its waters. It would be scarcely fair to criticise this wonderful map by the side of the Ordnance Survey of the same country. It was obviously designed only to give an approximation to the relative situation of the places represented, and it certainly is a most interesting specimen of patient industry. The knowledge of Scriptural geography and history which it displays is most creditable, considering the time when it was written. It betrays no such confusion as is not unfrequently to be met with, although seldom detected, in the writings even of learned men in modern times; examples of which may be cited from Dr. Lee's Hebrew Lexicon, where the Carmel of Nabal, near Maon, is mistaken for the Carmel of Elijah on the coast; and from "The Crescent and the Cross," where the Caesareia on the coast— most correctly described on William Wey's map as "Cesarea Palestine, que prius turris Stratonis appellabatur," with the additional note, no less accurate, "Hic mansit Cornelius centurio"— is confounded with Caesareia Philippi in Galilee.

It is clear, however, that William Wey was not drawing on his own knowledge in compiling this map, for, on both his visits to the Holy Land, he landed and embarked at Jaffa, and was only a few days in the country. He probably used, in the construction of his map and tables of distances, the materials provided by Marinus Sanutus, Breydenbach, or some other writer popular at that time, and only reduced them to a more convenient and systematic form for his own use and that of future pilgrims.

With regard to Tables in pp. 79—81, it is obvious that they

belong to his first journey and return through the continent of
Europe in A.D. 1448 ; for although he does not expressly inform us
that he went to Venice by way of Rome, yet the letter of the founder
indicates that he contemplated a pilgrimage to Rome on his way
to Jerusalem, and the longer time occupied by his former journey
can only be satisfactorily accounted for by this detour, particularly
when we take into consideration the two interruptions of his second
journey, and his protracted stay in Venice in A.D. 1462. The particular description of the ordinary route, and of that which he was
obliged to take on his second pilgrimage, are so interesting, that it
was thought they would repay the trouble of an attempt to identify
the various towns and villages mentioned on the routes. The
attempt has been attended with greater success than could have
been anticipated; for many of the names are so much disguised
by the worthy writer, who trusted rather to his ear, than to any
rules of orthography, that it is in some cases extremely difficult,
in others absolutely impossible, to identify the places. It would
seem too as if nis notes, in some places, had become confused,
and most travellers who have endeavoured to keep anything like
an accurate carte route in an unknown country will be very
indulgent to the errors into which William Wey has fallen.

I have been materially assisted in the identification of several of
the names by some other English MS. Itineraries in the Bodleian
[Tanner, No. 2, fol. 139, 140], the second of which, " The Waye fro
Ynglonde to Rome by Flanders and Duchelonde," follows precisely
William Wey's first route, some parts of which, particularly in the
Tyrol, it gives in fuller detail.

Pages 79, 80.—CITIES AND TOWNS BETWEEN CALAIS AND ROME, AND THENCE
TO RAVENNA.

Miles.	Names in the Itinerary.	Modern Names.
	Calisia in Picardia	*Calais.*
3	Gravenynge in Flandria	*Gravelines.*
4	Dumkyrke	*Dunkirk.*
5	Newport	*Nieuport.*
7	Bruggis	*Bruges.*
8	Gawnte	*Ghent.*
5	Dundermounde	*Dendermonde,* al. *Termonde.*
5	Makelyn	*Mechlin,* Fr. *Malines.*
5	Aschot in Brabancia	*Aerschot.*
2	Dyste	*Diest.*
3	Ashylle	*Hasselt.*
3	Mastrek	*Maastricht.*
4	Acon in Almania	*Aachen,* Fr. *Aix la Chapelle.*
4	Durene	*Düren.*
4	Suernake	*Sievernich.*
3	Rymbake	*Rheinbach.*
3	Cense	*Sinzig.*
3	Andenak	*Andernach.*
3	Conflanse	*Coblentz.*
3	Bopard	*Boppard.*
3	Bagarath	*Bacharach.*
2	Byng	*Bingen.*
4	Odername	*Odernheim.*
4	Wermys	*Worms.*
6	Spyre	*Spire.*
3	Brussell	*Bruchsal.*
2	Bryten.	*Bretten.*

Miles.	Names in the Itinerary.	Modern Names'
2	Burname	Durmen.
2	Fayge	Vaihingen.
4	Eslynge	Esslingen.
3	Gyppynge	Göppingen.
2	Gasalynge	Geislingen.
3	Ulma in Swesia	Ulm.
6	Memmyng	Memingen.
4	Kempton	Kempten.
3	Nesserwan	Nesselwang.
3	Attrowang	Heiterwang.
3	Mownt Nicholas	Finstermünz.
6	Merane	Meran.
6	VII. Kyrkys	Siebeneuch.
2	Mounte Vernarde	
2	Nazare	
6	Tremyng	Tramin.
4	Trent in Lumbardia	Trient.
2	Roffered	Roveredo.
8	Ala (inc. Milliaria Italica)	Ala.
20	Clausura	Chiusa.
12	Verona	Verona.
12	Scala	Isola de la Scala.
20	Hostea	Ostiglia.
12	Merandela	Mirandola.
14	Rouporte (l. Bonporte)	Buonporto.
11	Castellum S^d Johannis	S. Giovanni.
10	Bononia ubi Universitas (in Italia).	Bologna.
8	Plenore	Pianovo.
22	Florenschole	Firenzuola.
10	Montes Scarpore	Scarperia.
14	Florencia	Florence.
16	Donatum	S. Donato.
14	Sere (l. Sene)	Siena.

Miles.	Names in the Itinerary.	Modern Names.
10	Monterone	Monteroni.
13	Ad Clericum	S. Quirico.
13	Lakarone	? Radicofani.
11	Aqua pendente	Acqua pendente.
5	Ad Sᵗᵐ Laurentium	S. Lorenzo Nuovo.
3	Pulsene	Bolsena.
3	Muntflaske	Montefiascone.
8	Viterve	Viterbo.
9	Rusbeon	? Ronciglione.
3	Suterse	Sutri.
5	Monterose	Monterosi.
6	Purrebocona.	Baccano.
14	Ad ROMAM .	ROME.
14	Castello Novo	Castello Nuovo.
6	Arriane	Regnano.
7	Castelliane	Castellana.
4	Burget	Borghetto.
8	Trehyl.	Otricoli.
6	Nerne	Narni.
8	Serne (l. Terne)	Terni.
12	Spolet	Spoleto.
12	Follyng	Folingo.
15	Cantymane	
5	Calia	
12	Fellyne	Folingo.
8	Assyse.	Assisi.
10	Parwse (ubi Universitas)	Perugia.
12	Castele.	Citta di Castello.
8	Burgo	Borgo S. Sepolcro.
8	Alapeve	Pieve S. Stefano.
18	Sampere	
15	Galyad	Galeata.
20	Furse (l. Furle)	Forli.

Miles.	Names in the Itinerary.				Modern Names.
20	Ravenna	.	.	.	Ravenna.
30	Venesia (per aquam)	.	.	Venice.

The whole distance from Rome to Venice is 258 miles.

N.B. All the places named in the list of cities and towns between Venice and Calais (p. 81), occur in reversed order in the preceding list, except those between Venice and Trent. These will occur in the reversed order in the following list, composed from his Second Itinerary, when he was obliged to leave the direct route twice; first, to avoid the war raging between two Bishops on the Rhine, when he took a more westerly route than that above described, from Aix to Basil, from which point he took a more southerly route to Trent, in order to avoid the territory of the Duke of Austria, which then lay under an interdict. In the following table, the dates of his arrival and departure are given, so far as they can be ascertained, from his Itinerary, pp. 82, &c. :

Date.	Miles.	Names in Itinerary.				Modern Names.
26 Feb. 1462	—	Etona	.	.	.	Eton.
5 March arr.	—	Gravysende	.	.	Gravesend.
13 „ dep.	—	—	—			
15 „	—	Ermwethe in Selonia		.	Arnemuiden in Zeeland.
	—	Andwarpe	.	.	Antwerp.
	8	Veste	.	.	.	Vesterloo.
	7	Mastryk	.	.	Maastricht.
	—	Aquis gravis s. Acon	.	Aix.
	1	S^{tus} Cornelius	.	.	Cornelismünster.
	½	Roryng	.	.	.	Raeren.
	2	Recsteyne	.	.	Rötgen.
	½	Coldherberge	.	.	Kalterherberg.
	2	Bewlyng	.	.	.	Bullingen.

Date.	Miles.	Names in Itinerary.	Modern Names.
	2	Zawe	
	4	Prom	*Prüm.*
	2	Saffarone	*Seffern.*
	2	Bedbyrge	*Bittburg.*
	2	Hospytale	
	2	Trever	*Treves.*
	2	Kery	*Kirf.*
	3	Syrke	*Sierk.*
	6	Medys	*Metz.*
	10	Stus Nicholaus	*S. Nicolas.*
	10	Spinale	*Epinal.*
	9	Rememyrmownte	*Remiremont.*
	7	Stus Theobaldus	
	5	Basilia	*Basel.*
	2	Refelde	*Rheinfelde.*
	2	Buffynberke	*Laufenburg.*
	4	Scafosa	*Schaffhausen.*
	3	Constancia	*Constance.*
	3	Arbona	*Arbon.*
	1	Renet	*Rheineck.*
	2	Blodyt	*Bludenz.*
	2	Clesterle	*Klosterle.*
	1	Alberhe	*Arl-Berg.*
	9	Prottys	*Prutz.*
	3	Landek	*Landeck.*
	2	Fose (*l.* Tose)	*Tosens.*
	1	Neweres	*Nauders.*
	3	Mall	*Mals.*
	3	Lech	*Latsch.*
	3	Merane	*Meran.*
	2	Turle	*Terlan.*
	1	Erpen	*Hoch Eppan.*
	2	Numered	
	1	Saladon	*Kaltern ?*

Date	Miles.	Names in Itinerary.	Modern Names.
	2	Sanarel	
	2	Tremyng . . .	Tramin.
	3	Salerne	Salurn.
	3	Trent . . .	Trient.
16 Ap. arr.	2	Perysyn . . .	Pergine.
19 „ dep.			
	1	Levyng . . .	Levico.
	1½	Burge . . .	Borgo.
	1½	Hospital. . .	Ospedaletto.
	1	Gryne . . .	Grigno.
	1	Alaschala . .	Castello de la Scala.
	15	Bassane . . .	Bassano.
	25	Padwa . . .	Padova.
22 Ap. arr.	—	Venicia . .	Venice.
26 May dep.			
3 June	100	Parense in Histria .	Parenzo.
6 „	10	Rovinum . .	Rovigno.
8 „	—	Jarre in Sclavonie .	Zara.
11 „	—	Sesule in Dalmacia .	
	—	Castellum Cursula .	Corzola.
16 „	—	Ragosa . . .	Ragusa.
21 „	—	Corphow . .	Corfu.
27 „	—	Axtis . . .	Zante?
	—	Carkey . . .	Karki.
3 July	—	Rodys in Colosa .	Rhodes.
9 „	—	Pafas in Cipria .	Baffa.
13 „	—	Jaff . . .	Jaffa.
17 „	—	Jessare . . .	
	—	Gazara . . .	
	—	Ramys . . .	Ramleh.
18 „	—	Lidda . . .	Lud.
19 „ arr.	—	JERUSALEM . .	JERUSALEM.
26 „ dep.			

IV. The Itinerary of the Pilgrimage to S. James of Compostella may be dismissed in few words. It was the earliest of the writer's performances, having been undertaken with the express licence of " his king and founder, Henry VI., in A.D. 1456." His usual diligence was exercised in collecting information concerning the ecclesiastical state of Spain during his brief visit to that country, and the notes collected by him present us with a striking picture of the wealth and dignity of the Church during its palmy days, in perfect contrast to the deep decay to which it is now reduced.

The importance then attached to the celebrated shrine of S. James is marked no less by the ecclesiastical establishment connected with the Cathedral than by the multitude of pilgrims that resorted to it. The dignity of its archbishop was maintained by seven cardinals, a dean, precentor, five archdeacons, a school-master (scholasticus), and two judges, all bearing mitres and croziers ; eighty canons, twenty-four porcionarii, and four duplarii. Some notion may be formed of the number of foreign pilgrims— to say nothing of the natives—from the fact that there were in the harbour of " Grwne" at one time eighty vessels " cum top-castellis," and four "sine topcastellis," of which number no less than thirty-two were English.

Our author left Eton on the 6th of the calends of April (March 27), reached Plymouth on the 30th of April, sailed in the Mary Whyte on the 17th of May, and reached "Grwne" on the 21st of the same month. Under this uncouth disguise it is not easy to distinguish the historical *Corunna*, but there is no question that they are identical; and the other places on the

Spanish Coast named by the pilgrim, as having been first made, are scarcely less distinguishable. Thus Ortyngez is *Cape Ortegal;* Cappryes, *Cape Prior;* and the Insula Sesarke, the *Cisargas Islands.*

After being baffled in his first attempt to return, he finally left Corunna on the 5th of June, and reached Plymouth on the 9th, having made land first at Brownsam Rokke, Long Shyppys, and Popyl hopyl, three rocks off the coast of Cornwall, still to be identified by the same names in modern garb; next at Mowntys bay (*Mount's Bay*), and then at Lizarda (*Lizard Head*).

And here, then, we take leave of our author, whose pages will be found equally interesting and instructive whether as a specimen of the state of the English language in the middle of the fifteenth century, or for the detailed itineraries through the continent of Europe, and the minute and systematic account which they furnish of the objects of Christian devotion in the century preceding the Reformation, illustrating in a very striking manner the remarks on the subject of Pilgrimages in the inimitable Colloquies of Erasmus.

[MS. BODL. 565.]

On a fly-leaf at the beginning in a contemporaneous hand :

Thes be goodys of Master William Wey ys yefte to the chapel made to the lyknes of the sepulkyr of owre Lorde at Jerusalem.

Furst as for the avter an her and a canvas, iiij. auter clothys wrowt, ij. auter clothys playne, ij. tuellys for the stagys, iiij. tuell ordeynyd to wypeyn.

Also ij. clothys of blw bawdkyn. Also ij. clothys of oworke stayned, in that one ys owre Lorde wyth a spade in hys hande, in that other ys owre l [*half a line scratched out here*]. Also iij. other right wele staynyd clothys of oworke; in the furst ys a crvcyfyxe in the myddys; in the secvnde ovre lady yevyng owre Lorde sowke; in the therde ys the assumcyvn of oure blessyd lady. Also ij. other clothys of lynclothe wyth thre blac crossys in eche of hem.

Off Vestymentis.

Fvrst a peyre of vestymentis of grene, the orfray rede. Also a peyre of red vestymentys of the flex of red velwet, orfray red sylke. Also a peyre of grene vestymentis of bawdkyn wyth byrdys of golde, the orfray of red bawdkyn. Also a peyre of vestymentis of whyte bustyan, the orfray of grene. Also bysyde theot ij. aubys, and ij. amyse, and ij. gerdelys.

Off corporas.

Fvrst iiij. corporas clothes. Also iiij. corporas casys, the fvrst of clothe of golde, wyth Joachym and Anna; the secvnde of blak selke wrowte; the thyrde of whyte bustyan; the fowrthe of grene wyke.

For the hangyng of the sepulkyr wythowte and whythyn.

Furst ij. cvrteynys of blw bokeram. Also a clothe stayned wyth
the tempyl of Jerusalem, the Movnte of Olyvete, and Bethleem.
Also a chalyse selvyr and overgelde weyeng   vnses, made faste
wyth a vyse of selvyr in the fote. Also iij. peyre crwetys of pewtyr.
Also iij. dysches of pewtyr. Also a paxbrede wyth a crwcyfyxe.
Also the vernakyl and a crucyfyx in pawper closyd to bordys, the
wheche came fro Jerusalem. Also a relyquary of box, in the wheche
be thys relyks: a ston of the Mownte of Calvery, a stone of sepulkyr,
a stone of the hyl of Tabor, a stone of the pyler that ovre Lord was
stowrchyd too, a stone of the plase wher the crosse was hyd and
fvnde, also a stone of the holy cave of Bethleem. Also a sacryng bel
halwyd wryt abowte 𝕴𝖍𝖊𝖘𝖚𝖘 𝕵𝖔𝖍𝖆𝖓𝖓𝖊𝖘 𝖕𝖞𝖙 𝖓𝖊𝖞. Also ij priketis of
latyn. Also ij. stondyng candylstykys of latyn. Also a quayer of
paper wyth the peyntyng of owre Lorde ys passyvn. Also ij.
pylwys of sylke.

Other goodys longyng to the pulkyr.

Furste, a clothe stayned wyth thre Maryes and thre pylgremys.
Another wyth the aperyng of owre Lord Cryste Jhesu vnto hys
moder. Also a mappa Mundy. Also a mappa of the Holy Lond,
wyth Jerusalem in the myddys. Also ij. levys of parchement, on
wyth the tempyl of Jerusalem, another wyth the holy movnte of
Olyvete. Also a dex keveryd wyth blakke, and thereopon the
bokys, one of materys of Jerusalem, the second folio, *To every
bayok.** Another of Synt Anselme ys worke, the second fo. *Medi-
tacio vij.* Another de vita Sanctorum Patrum, the second fo. *rat*

---

* This was the book now printed. The words *To every bayok*, will be found at the
commencement of f. 4 in the MS. as now paged ; and in p. 2 of this volume, 8 lines
from the foot.

amicus abbatis. Also a stone in the whech ys the depnye of the morteyse of ovre Lordys crosse. Also iiij. qwystenes ordeynyd to the Sepukyr.

Other thyngys of the holy lond mad in bordys.

Fvrst in a borde byhynde the qveer the lengthe of oure Lorde ys sepulkyr, wyth the hythe of the dor, the brede of the dore, the lengthe of oure Lordys fote, the depnes of the morteyse of the crosse, and the rvndenys of the same.

Also by the clokke howse of the sepulker of ovre Lorde wyth too howses at the endys of the same.

Also in the chapter howse ther be thre thyngs, the chapel of Caluery made in bordys; the Cherch of Bethleem, made wyth bordys; the Mownte of Olyuete, and the vale of Josaphath, made wyth bordys. My wyl ys that thes afore wret be nat alyened fro the chapel of the Sepulke, nether fro the holy monastery of Edyngdon.

IC EΛEOS.

Hec sunt contenta in libro isto.

15. Item itinerarium Willelmi Wey ad sanctum Jacobum in Hyspannia et de
hiis que ibidem vidit et audivit, fo. 15ᵗᵒ. [p. 153.]

     Prima materia istius libri continet duo folia.

     Secunda materia continet tria folia.

     Tercia materia continet sex folia.

     Quarta materia continet tria folia.

     Quinta materia continet quindecem folia.

     Sexta materia continet tria folia.

     Septima materia continet quatuordecem folia.

     Octava materia continet duo folia.

     Nona materia continet tresdecem folia.

     Decima materia continet duodecem folia.

     Undecima materia continet octo folia.

     Duodecima materia continet sex folia.

     Terciadecima materia continet duo folia.

     Quartadecima materia continet sex folia.

     Quintadecima materia continet sex folia.

ITINERARY

OF

WILLIAM WEY, FELLOW OF ETON,

TO

THE HOLY LAND, A.D. 1458.

[PROEM by the Author.]

Chavnges of money from Englond to Rome and Venyse.

At Calyse ye schal haue for a dim. nowbyl Englysche or for a Calyse. doket xxiiij. plackys, that ys best money vn to Brugys. At Brugeys Bruges. ye schal haue as meny of plackys for a dim. nowbyl or a doket as ye had at Calyse. For a gylderyn xix. plackys, and for a gyldryn of lylyaris xxiij. and xvij. mytys. For a dim. nowbyl or for a doket xxxj. lylyars, hyt ys Braban money. And in Braban plackys beth Braban'. clepyd styfers. A plack ys worth ij. grotys of flemyshe callyd peneys. To a grot ij. ob. To an ob. ij. farlyngys xlviij. mytes. To a plack ys peney ob. Flemysch. A lylyar ys worth xxxvj. mytes. Thre plackys be worthe v.d. Englysch. v. geldernes, and a plack be worth ij. nowbelys Englysch. A gyldren ys worth ij. s. viij. d. Englysch. Theys aforeseyd wyl serue to Coleyne. At Coleyne ye schal haue Coleyne. Reynysch gyldernes and Coleyne penys; ye schal haue for a gyldren xxiiij. Coleyne peneys; for a Coleyne peny xij. hallardys, other myrkenys, al ys one, and they wyl serue to Menske. A Coleyne

B

peney ys worth i. d. ob. Englysche.   Take in yowre chavnge from
Brugies of gelderynys wyth a rownd bal and a crosse above, they be
goyd vn to Rome, and the best by alle the wey.   Take none Englysch
golde with yow from Brugies for ye schal lese in the chavnge, and
also for the most part of the wey they wyl nat chavnge hyt.
Reynysch gyldrenes they know wel by al the way, and in them ye

Menske. schal have no loste but lytyl other now3te.   At Menske ye schal
haue bemysch and blaffardys and other hallardys.   A Reynysch
gyldren ys worth there xxj. blafferdys and as many of bemysch.   A
doket of Venyse ys worthe xxvj. bemysch and iij. hallardys.   A
bemysch, other a blaffard, ys worth there xj. hallardys ; they lest to
Kempton.   Bemysch wyl serue welle vn to Rome ; vij. bemysch xj. d.

Kempton.
Trent. Englysch.   At Kempton ye schal haue ferarys ; for a crowser v. ferars,
xl. crowsers for a gyldren and a ferar.   At Trent ye schal al haue
katerynys and marketis.   For a bemysch ix. katerynes and iiij.
marketis.   Too katerynes and ij. bagantynys for a market.   And a
Boleyne. market ys a galy halpeny.   At Venyse clepyd an solde.   At Boleyne
ye schal haue bolynerys and other katerynys and bayokis and bolynerys.   A boleyne ys worth vj. katerynys vn to Rome.   And at Rome.
At Sene a bolyner of Rome ys worth but v. katerynes and an halfe.
And the same bolyner ys worth at Rome vj. katerynes.   A doket ys
worth at Boleyne xlvj. bolynerys.   A gyldren at Boleyne ys worth
xxxv. bolynerys, hit ys goyd syluer.   And of bayokys xlviij. to a
gyldren.   A bayok ys worth iiij. katerynys.   And an olde bolyn of
Boleyne ys worth a j. d. englysch.   They be best from Boleyne to Rome.
Rome. At Rome ye schal haue bolendeynys of Rome and bayokys and other
katerynes.   For a doket of Venyse xlviij. bayokys.   For a doket of
Rome ij. lylior.   For a doket of Florense off bolendynes for a doket
xlviij ; for a gyldren xxxvj. bolenerys ; of bayokys too a gyldren liiij.;
and for a doket x. papal grotis.   Of bolendynes at Rome of bayokys
iiij. to a papal grote.   To euery bayoke iiij. katerynes ; to euery
kateryne xij. pychelynes, clepyd in Rome denars.   Chaungis of hem in
dyuerse lordeschepys.   And the kateryne of that one lordschyp wyl

not goo in that other lordschyp nexte. At Venyse be grotys, gros- Venyse.
setys, galy halpens, whyche be clepyd ther soldes and bagantynes.
For a doket of Venyse xv. grotys, and of grossetys xxx. For a doket
of Rome or of Florense a grote lasse; for a grot viij. soldis; for a
grosset iiij. soldis; for a solde xij. bagantynes. For a doket of
Venyse ye schal haue v. ti. and xiiij. soldis; a punde ys xx. soldis,
that be galey halfpennys; and to every solde xij. bagantynes. At
Curfw in Greke ye schal haue torneys blak money, xxiiij. for a grosset.
At Venyse vj. for a Venyse solde. At Curphw, and at Modyn, and Curphw in Greke.
at Cande in Crete, a solde of torneys ys but iiij. torneys; therfore
beware and axe, and ye bye any thyng, whethyr they sey a solde of
torneys other of syluer. At Modyn ye schal haue but v. torneys for Modyn in Greke.
a solde sum tyme and svm tyme more. At Cande ye schal haue v. Cande.
torneys and sum tyme vj., as the sovereyne wyl sett hytt. And
there they haue besavntys clepyd pepper; a pepper ys worth xxxij.
torneys. At Rodys ye schal haue gylotys an jouettys and asperys. Rodys.
A gylote ys worth a jouett, and halfe a jouett is worth xxxij. denars
of Rodys. An asper ys worth halfe a jouet, that is xvj. deners.
A jouet and a jasper be syluer of Rodys, save the asper ys money
of Turkey, and syluer. A Venyse doket ys worth xix. jouetys and
deners. In Cipresse ye schal haue grotis of syluer and half grotis, Cypresse.
and other denars of black money, and besavntis; and half a besavnte
ys worth xlviij. denars, and vij. besauntys and half to a doket of
Venyse. A grot of Cypres ys worth xxxviij. denars. A doket of
Venyse ys worth ix. grotys and an halfe. An halfe grote ys worth
xix. denars. A grot of Venyse ys worth ther xvj. denars; and a
solde iiij. torneys. In Surrey ye schal haue dremes and halfe Surrey.
dremes; ij. dremes be worth iij. Venyse grotis. A dreme ys worthe
vj. soldys of Venyse. A doket of Venyse ys worthe xix. dremes.
Doketys, grotys, grosettis, and soldys of Venyse, wyl go wel in
Surrey; that ys to say, in the holy londe, and none other, wythovte
grete losse. Here ye may know dyuersyte of moneys as fro Englond vn to Surrey in the holy londe.

A preuysyoun.

A goyd preuysyoun when a man ys at Venyse, and purposyth by the grase of God to passe by the see vn to port Jaff in the holy londe, and so to the Sepulkyr of owre Lorde Cryst Jhesu in Jherusalem, he most dyspose hym in thys wyse. Furste, yf ye goo in a galey make yowre covenaunte wyth the patrone by tyme, and chese yow a place in the seyd galey in the overest stage ; for in the lawyst vnder hyt ys ryght smolderyng hote and stynkyng. And ye schal pay for yowre galey and for yowre mete and drynke to port Jaff, and ayen to Venyse, xl. ducatis for to be in a goyd honeste plase, and to haue yowre ese in the galey, and also to be cheryschet. Also when ye schal yowre couenant take, take goyd hede that the patron be bovnde vn to yow afore the duke other lordis of Venyse, in an c. dokettis to kepe al maner covenauntis wyth yow ; that ys to say, that he schal conduce yow to certeyne havenys by the wey to refresche yow, and to gete yow fresche water and fresch bred and flesch. Also that he schal not tary longer at none havyn then thre days at the most wythowte consent of yow all. And that he schal not take yn to the vessel nother goyng nother comyng no maner of marchavndyse wyth owte yowre wylle, to destresse yow in yowre plasys, and also for taryng of passage by the see. And by the havenes he schal lede yow yf ye wyl : Furst, to Pole c. myle from Venyse by water ; from Pole to Curphw vj. c. myle ; from Curphw to Modyn iij. c. myle ; from Modyn to Cande iij. c. myle ; from Cande to Rodys iij. c. myle ; from Rodys to Baffe in Cipres iiij c. myle ; from Baffe to Port Jaffe iij. c. myle, withowȝte more. But make covenaunte that ye com nat at Famagust in Cipres for no thyng, for meny Englysch men and other also have dyde, for that eyre ys so corupte ther abowte, and in the water also. Also that yowre patrone yeff yow euery day hote mete twyes, at too melys, in the mornynge at dyner, and after none at soper ; and the wyne that ye schal drynke be goyd and yowre water fresch, yf ye may com ther too, and also byscocte. Also ye most ordeyne for yowreselfe and yowre felow, and ye haue eny, iij. barellys eche of a quarte, whyche quarte holdyth x. galynnys; too of these barell schal serue for wyne, and the therde for water. In that one barel take rede wyne and keep evyr in store, and tame hyt not yf ye may tyl ye com hamward ayen, withoute syknes cause hyt, other eny other nede. For ye schal thys in specyal note, and ye had the flix, yf ye wold yeff xx. doketis for a barel, ye schal none haue after ye passe moche Venyse; and that othyr barel schal serue when ye haue drvnke up yowre drynkyng wyne to fyl ageyne at the havyn where ye next come vnto. Also ye most by yow a chest to put yn yowre thyngys; and yf ye may have a felow with yow too or thre, y wold then by a chest that were as brode as the barel were long. In that one ende y wolde haue loke and key, and a lytyl dore, and ley that same barell that y wolde spende frust at the same dore ende; for yf the galymen, other pylgremys, may come ther, to meny wyl tame and drynke therof, and stele yowre watyr, whyche ye wold nat mysse oft tyme for yowre wyne. And yn the other part of the cheste ye may ley yowre bred, ches, spyses, and al other thyngis. Also ye most ordeyne yow byscokte to haue with yow; for thow ye schal be at the tabyl wyth yowre patrone, not-wythstondynge ye schal oft tyme haue nede to yowre vytelys, bred, chese, eggys, frute, and bakyn, wyne, and other, to make yowre collasyvn: for svm tyme ye schal haue febyl bred, wyne, and stynkyng water, meny tymes ye schal be ful fayne to ete of yowre owne. Also y consel you to haue wyth you owte of Venyse confec-tyvnnys, confortatyuys, laxatyuys, restoratyuys, gyngever, ryse, fygys, reysenes gret and smal, whyche schal do yow gret ese by the wey, pepyr, saferyn, clowys, masys, a fewe as ye thenge nede, and powder dwke. Also take with yow a lytyl cawdren and fryyng pan, dysches, platerrys, sawserys of tre, cuppys of glas, a grater for brede, and such nessaryes. Also when ye com to Venyse ye schal by a bedde by seynt Markys Cherche; ye schal have a fedyr bedde, a matres, too pylwys, too peyre schetis, and a qwylt, and ye schal pay iij. dokettis; and when ye com ayen bryng the same bedde to the man that ye bowt hit of and ye schal haue a doket and halfe ayen, thow hyt be broke and worne. Also make yowre chavnge at Venyse, and take wyth yow at the leste xxx. doketis of grotys and grossynes. Ye schal haue at Venyse xxviij. of new grossetis and dim. ; for when ye passe Venyse ye schal have in sum plase xxvj. grossetis or xxiiij. And take also wyth yow iij. other iiij. doketis of soldys that be galy halpanse of Venyse, for every grosset iiij. soldys. Take also with yow fro Venyse a doket other too of Torneys ; hyt ys bras money of Candi, hyt wyl go by all the wey ; ye schal haue viij. for a sold at Venyse, at Modyn, and Cande oftyn tyme ; but iiij. v. other vj. at the most for a solde. Also by yow a cage for half a dosen of hennys or chekyn to have with yow in the galey, for ye schal haue nede vnto them meny tymes ; and by yow half a buschel of myle sede of Venyse for hem. Also take a barel wyth you close for a sege for yowre chambur in the galey, hyt is ful nessessary yf ye be syke that [ye] com not in the eyre. Also whan ye com to havyn townys yf ye wyl ye may by eggys, yf ye com by tyme to lond, for then ye may haue goyd chep, for they be ful nessessary in the galey, sum time fryed with oyle olyfe, and sumtyme for a cavdel. Also when ye come to havyn townys, yf ye schal tary there iij. dayes, go by tyme to londe, for then ye may haue logyng by fore other, for hyt wyl be take up anone, and yf eny goyd vytel be bee ye sped afore other. Also when ye com to dyuerse havynnys be wel ware of dyuerse frutys, for they be not acordyng to yowre complexioun, and they gender a blody fluxe ; and yf an Englyschman haue that sykenes hyt ys a mervel and scape hyt but he dye thereof. Also when ye schal com to port Jaff take wyth yow ovte of the galey into the londe too gordys, one with wyne another wyth water, eche of a potel at the lest, for ye schal none haue tyl ye come to Ramys, and that ys ryght febyl and dyre ; and at Jherusalem hyt ys goyd wyne and dere. Also se that the patron of the galey take charge of yowre harnys wythyn the galey tyl ye com ayen to the galey. Ye

schal tary yn the holy lond xiij. other xiiij. days. Also take goyd
hede of yowre knyves and other smal thynges that ye ber apon yow,
for the Sarsenes wyl go talkyng wyth yow and make goyd chere,
but they wyl stele fro yow that ye haue and they may. Also when
ye schal take yowre asse at port Jaffe be not to longe behynde
yowre felowys; for and ye com by tyme ye may chese the beste mule,
other asse, for ye schal pay no more fore the best then for the
worst. And ye most yeve yowre asman curtesy a grot other a
grosset of Venyse. And be not to moche byfore, nether to fer byhynde yowre felowys, for drede of screwys. Also whan ye schal
ryde to flvm Jordan take wyth yow out of Jerusalem bred, wyne,
water, hard chese, and hard eggys, and suche vytellys as ye may
haue for too dayes ; for ther nethyr by the wey ys none to sell.
Also kepe on of yowre botell other gordys wyth wyne, and ye may
when ye com from flvm Jordan to Monte Quarentyne. And yf ye
go vp to the plase where owre Lorde Jhesu Cryste fastyd xl. days
and xl. nhyte, hyt ys passyng hote and ryht hyee ; when ye com
downe ayen for nothyng drynke no water, but rest yow a lytyl, and
then ette bred and drynke clene wyne w^t ovte water ; after that grete
hete water genderyth a gret fluxe, other a fever, other bothe, than
a man may haply lese hys lyfe therby. Kepe all thes thynges afore
wryt, and ye schal, w^t the grace of God, well spede yn yowre jorney
to goo and com to the plesure of God, and encrese of yowre blys, the
whyche Jhesus gravnt yow. Amen.

¶ In this boke conteynyd ys the way to Jerusalem
  and the holy placys in that sam contre.

Fro Venyse to Port Jaff by the see
Hyt ys ij^m. myle and hundrys thre ;
And yn that see ther ys a place
Wher the whale swalowyd Jonas.
Ther ys in the same, besyde that,
A ston that seynt Petyr fyschyd at.
Also att Jaff ther was a place
Wher Dorkas fro deth reysyd was.
Fro thens to Ramys wee do ryde,
And there ij. days we do abyde.
In the cyte of Ramys bore was
Joseph that toke Cryst fro the crosse.
Ther dwellyd also, w'out stryffe,
Helkana and Anne, hys ryght gode wyfe.
ij. myle fro the cyte of Ramys
Ys a cyte callyd Lydda dyaspolis.
Ther was a chyrche and a devote place,
Where seynt George behedyd was.
In a place to that chyrche ny
Enea was helyd of hys palsye.

Fro Ramys we ryde to Jerusalem :

By the wey to Jerusalem, as I yow tell,
Is the sepulkyr of Samuell,
The whyche ys ny to the castel of Emavs,
Ther Jhesu spake w^t seynt Lucas.
Also att that castel and that place
Ys beryed seynt Cleophas.
Thens go wee forth and ryghtly
By Sylo and Abaramathy ;

And, when wee be passyd that place,
We schal se Jerusalem in short space.
Then knele wee downe apoun oure kne,
When wee that holy cyte see;
For to all that thydyr come
Ys yeve and graunt ful remyssioun.
Afore the temple dore lyeth a ston,
That owre Lord Jhesu fyl apon;
For he bare hys crosse w^t so grete woo,
That the manhode myght no ferther go.

Holy placys w'yn the tempyl of Jerusalem:

The fyrste place w'yn the dore
Ys ovre Lordys holy sepulcure.
The next that ys w'out faylynge,
Ys a chapel of oure Lady where ffrerys dothe synge.
Ther was owre Lady in here prayer
When Cryst was ryse fro hys sepulcure,
And he ful lowly, when he com thedyr,
Seyd vnto her, Hayle, holy Modyr.
And yn that same chapell ys
Of the pyler a grete pece
That Cryst Jhesu was bownd vnto,
Whan Pylate hym bett, and wrowght him woo.
Ther ys in that place a ston also
That a ded man by the cros was reysyd froo.
Wyth ow3t the chapel dore,
Ryght in the temple flore,
Ther ys a stone, rownde and playne,
Wher Jhesu as a gerdener mett with Mavdelene.
In that ston by Crist was made
An hole where yn he put hys spade.
By yende, as pylgremys gone,
They fynde too holys yn a stone:

c

In tho hoylys Crystis leggys were pytt,
And wyth chaynys fast yknytt.
Ther ys by a vawte wyth yn,
Whyche ys callyd Crystis presyn.
Next that yn owre procession
Is a place of grete deuocyon.
Ther at the dyce knyghtis gan play
Hoo schold bere Crystis tunikyll away.
Be yonde ther ys a pyler also,
Apon whyche Cryst satt nakyd thoo;
Wher the knyghtys, to hys skorne,
Set on hys hede a crowne of thorne.
By yonde ys a chapell, hit ys ryght lowe,
Twenty pace downe as men hyt knowe;
In that chapel vndyr the grownde
Ther was the holy cross fownde.
Ther ys full remyssioun in that place
Too all men that thedyr goo for grace.
The nexte ys of xv. stappys hye,
Is callyd the Mownte of Caluerye.
Ther ys more pardon in that hylle
Than eny Crystyn man can telle;
For all the pardon that ys at Rome
Ther ys the well, and thens hytt come.
The morteyse ys a fote of brede,
Hoo wyll mete hyt w^t a threde.
Ther by syde ys a grete rokke,
That for Crystis dethe asundyr brokke.
Beneth the mownte, as Y you telle,
Ther ys a lytyl chapell;
The name ther of ys Golgatha.
Ther be byryyd conquerowrys too;
The ton ys Godfryde duke of Bolonia,
The tother kyng Baldewyn callyd also.

Also yn the temple ys a place,
As all pylgremys may see,
Wher Mary saw Cryst Jhesu hys face,
When he lay ded apoun her kne.
Also ther ny to mannys fete
Ys the myddys of the world pyght.

Holy placys in the cyte Jerusalem :

Furthermore in that cyte
Be pylgremagis bothe fayre and free.
The fyrst tokenyng of all
Ys at the cornar of a wall :
Ther Jhesu mett w't hys modyr Marie,
Ther sorowyd together bothe he and she ;
And ther the wymmen of Jerusalem
Wept on Cryst when that he cam.
By yonde that, yn a stret,
Ys the scole of owre Lady swete.
By syde that, in a temple small,
That som tyme was seynt Annys hall,
A l; tyl forth yn the way,
Ys Herodys hall as Y yow say.
By syde that ys a place
Where Mary Mawdelyn had grete grace :
Men callyth that Symon leprose hall,
That Cryst foryafe Mawdelayne her synnys all.
By yond that ther ys a place than
Where Dyues wonyd the ryche man.
Too stonys ther be above mennys hede,
And be leyd in a wall an hye ;
Apon hem Cryst stode jugyd to be dede,
And to be crucyfyyd at Caluery.
Now leve we a cyte full of synne,
And go forth by the yate of seynt Stephyn.

c 2

So com wee to that sam place
Where seynt Stephyn stonyd was;
Ryght ther by ys Torrens Cedron,
Where the tre lay that Cryst dyed on.

Holy placys in the vale of Josaphat:

In the myddys of the vale, as Y yow telle,
Ther ys a fayre rounde chapelle.
Sykerly in that same place
Oure blessyd lady byryd was;
A kave vndir erthe ther ys fast by
Where Cryste knelyd verely
When he swat both blod and water,
And mad hys prayer vnto hys Fader,
Ny vnto that place he was a reste
And grevysly yshak by hys holy breste.

Holy placys in the mounte of Olyuete:

The postolys yn a close bye slepte togedyr
When Jhesu prayde vnto hys Fader,
And therby ys a grete stone
There oure lady gyrdyll fyll apon
When she was brought to her dere son
In ioye and blysse wᵗ hym to wonne.
In that mounte ys a rock and a place
Wher Chryst wᵗ hys apostolis was,
And as he stod amonge them
He wepte apoun Jerusalem.
By yende that a place we sowte
Where an angel owre Lady a palme browt
Afore thre days that sche schold daye
And com to the joy of heuyn an hy.
Ther a lytyl ys nat fer thense
Wher men may haue ful indulgens.

Then go we up as men may see
To the towne other place of Galyle.
Ther ys a chapel that stondyth ryght hye
Fro the whyche Jhesus to heuyn dyd flye,
The stappys of hys fete he ther in a stone,
Whyche men may see that thedyr gone.
Furthe we gone by soferans,
And se wher seynt Pelage dyd her penavnse,
And ny therby to yowre grete mede
The twelue Apostelys made the Crede.
A lytyl by yende, and nat ful fer,
Chryst Jhesu made the Paternoster.
In the decens of that hyll
Cryst prechyd vn to hys pepyll;
Vn to Egypte anone to go
W^t the chylde Jhesu and hys modyr also.
W^t owte Bethem a place ther ys
Wher angelys sange Gloria in Excelsis.
From thens Atthens two myle and more
At a castel was Amos the profyte ybore.

Holy placis in the monteynys of Jury:
In the monteynys of Jury ys a place
Where Phylyp wylyd Eunvke of Candas;
In the munteynys also a place ys sett
Where Mary and Elizabeth met.
Owre Lady Magnificat ther dyd say
To ther bothe hertys grettyst jowye.
When Haurawde sowte to slee seynt John
Then was he ther resceyuyd of a stone.
By ther to ys the place
Wher John cyrcumcydyd was,
An hy in a chepyl, as we do rede,
Zakary Benedictus made a dede.

Ner to Jerusalem John was bore
In a place that ys now forlore.
Ny thereto ys Symeonnys place
In hose armys Cryst clyppyd was.
Furthermore in owre way frerys we swe,
And se wher Crystys Cross dyd grew.

Holy placis to Flum Jordan :

By yonde Betany, as Y yew telle,
Joachym w⁺ schepardys dyd dwelle
Forty days and fowrty nyhyte,
Vnto he sey an angel brhyte.
By yonde ys a wyldernys of quarentyne
Wher Cryst wyth fastyng hys body dyd pyne,
In that holy place, as we rede,
The deuyl wold had of stonys bred ;
Aboue that wyldernys ryght fer and hy
The fende to Cryst schewyd regna mundi,
And sayde yf thow wylt me worschyp do
Al these schalt thou haue thy lordschyp to.
By nethe ys a flode, Marath hyt ys,
That Samuel turnyd frow bytternys.
At Jerico Zache dyd dwell,
Ther ys the place as Y yow tell.
By yonde ys a monastery of seynt John
Where he wyllyd Cryst and meny on.
Too mile fro the Ded See,
In Jordan Pylgremys whasched be ;
In that other syde of the flum
Was the monastery of seynt Jerom.

Holy placys in Betany :

At Betany in an old castel
Ys Lazarys tombe made ful wel ;

Also at Betany ys a stone
Apoun whyche Martha knelyd oun,
And seyd to Cryst, w^t mylde chere,
My brother had not dyed and ye had be here.
Martha there an howse had and Maudeleyn fere,
Where they dyd owre Lord Cryst goyd seruyse and chere,
In mete, drynke, and longage also,
Vnto he gan to hys passyoun goo.
Now have I told yow of the placys all
That pylgremys sekyth both gret and small.
Further we go vnto a stone
Ther owre Lady rest apoun,
Ther be also nyne cauys bysyde
Wher the apostelys dyd hem hyde
Att the tyme att Cryst dyd dye,
For they derst nat hym cum nye.
The place that of thys movnte ys kast
Is where seynt Jamys yonger dyd fast,
Ther yn ys beryd Zakary,
Sone to the buschup Barathy.

Holy placis in the vale of Syloe :

Ther ys a welle a lytyl thens
Ther owre Lady Crystis clothys dyd clense ;
Aboue that ys a water by hyt one
That helyd the blynde mane.
Fast by, a yenst the lawe,
Manasses to dethe dyd Isay sawe,
An hy fro thens a felde ther ys
Yclepyd Ager Sanguinis,
But for hem that Latyn lack
Hyt ys called Acheldmac.

Holy placis in the Mownte of Syoun :

Ther ys a chyrch also fast bye
Callyd the howse of cursyd cunsel sekyrly,
The furste plase wher Jues wold haue brennyd
Owre lady body when hyt scholde be buryed ;
The secunde wher seynt Peter wepte
When Cryst in hys passyoun was kepte ;
The therde where Cryste was browthe
To fore Anne and set by nowte ;
Fro that place lad he was
To the howse of Cayaphas,
Ther yblynfeld and ybavnde
To a pyler that ys all rownde.
In that hyll a cherche ther ys
Callyd the cherche of seynt Fravnsys,
A fayre cherche sothly to say,
Wher frerys seyth mas euery day.
When that cherche was gret and holy,
Hyt was callyd holy Mary of ladder to heuyn by.
Att the auter of that cherche
Jhesu dyd gret workys wyrche ;
Ther yaue he hys body and blode,
To hys Apostolys that were ryght gode,
Vnder the forme of wyne and bred,
And thys ys to take to owre goyd spede.
By nethe the cherche and thys auter
Kyng Dauid lyeth that made the Sawter.
Ny to thys auter the Apostelys sett
When owre Lorde Cryst dyd wasche here fete ;
By thyn thys auter evyn by
Ther were in number an hundred and xx.

There receyuyd they the Holy Goyst
That very God ys of myghtys most.
By nethe the cleyster as men do syt
Ther be too dorys that were y schyt,
Thorow Cryst enteryd, as he may now,
And to hys Apostelys seyd, pes he to yow.
In an hole of the tresyry ys also
Of the pyler that Cryst was bownd vnto.
At the est ende of that plase
Stevyn the martyr byryd was ;
Ther also the water was het
Wyth the whyche Cryst waschyd Petyr ys fete.
Ther also was rosted a lam
Whyche to Crystis sopur came.
At that cherche ys west ende
Mary hyr prayers to heuyn dyd sende.
In the northe syde ys a grete stone
Where Cryst stode and prechyd apoun.
Apon a rok ther by vn hyd
Owre Lady stode when Cryst prechyd ;
And ny by vnto thys plase
Seynte Mathy Apostyl chosyn was,
Fro thens a caste of a coyte and sum what las
Mary dwellyd and herd her masse.
Ther ys therby also a stede
Wher they smot of seynt Jamys hede ;
And ther by, as men may se,
Owre Lorde to Maryes seyd Avete.
Fast also that plase by
Owre Lady lokyd to Caluary.

Pylgremagys to Bethlem :

W'owte Jerusalem not ful fer
The thre kyngys say the ster ;

D

By yonde that ther ys a plase
Wher Hely by an angyl fed was;
Ny ther by Hely hyd hymself ryght wel
For he wold not be sley by Jesabel.
Also furdyr where Jacob lay
Fro erthe to heuyn a laddyr he say.
In the ryght hand aftyr owre lore
Ys the place wher Hely was bore;
Ther by yonde, as Y yow telle,
Ye the sepulkyr of fayre Rachel;
Ny to Bethlem merkyd was
Wher Mary descendyd of here asse.

Holy placys in Betheleem:

In a depe chapel, tel yow Y wyl,
Where seynt Jerome translatyd the bybyl;
Also placys wher he sayde masse,
And lay ful hard and nothyng nesche.
By thys ther ys a place ryght nere
Of Innocentys scleyne the sepucure.
In the northe syde of the chaunsel w'owte
Kyngys of her coferys toke jvellys owte,
And offred to Jhesu, heuyn Kyng,
Golde, myr, and ensens, ryght low knelyng.
Vnder the chavnsel a chapel ther ys
Of xv. stappys in depnys,
At whyche est ende owre Lord was bore
To saue mankynd that was forlore.
Ther by ther ys a chyrche of stone
In the whyche owre Lord was layd on.
The ster also the kyngys dyd lede
Fyl downe yn an hole to that stede.
In the sowthe yle ys a stone
That Ihesu was cyrcumscyd apoun.

By sydys thys place, and sum what nye,
An angyl bade Joseph to hye;
The whyche be of grete deuocyoun,
And ys grauntyd to haue gret pardoun.
To xviij. placis markyd w^t crossys
Ful remissyoun of al synnys.
And to al other holy placys
Ys grauntyd vij. yere and vij. Lentys.
Thys pardoun to haue God send vs grace,
And in hevyn here aftur to se hys face. Amen.

Numerus dierum expectacionis peregrinorum in Jerusalem.

Prima die apud Jaff,	2da die ad Ramath :	3^{tia} ad Liddam.	4ta ad Jerusalem.
Ad Jaff prima via	se Ram	ter Lidda	Jeru quart.

5ta die ad Stationes.	6ta ad Bethleem.	7ta die ad Montana Judee.
Quint sta	Beth sexta	Sep ad montana Judee

8vo die expectant Jerusalem.	9 ad Jurdanem.	10 die ad Bethaniam.
Oc remanere Jeru.	non Jurdan	decima Betha.

11^a expectant Jerusalem	12 ad Ramatha	13 ad Joppem et Galeam domorsum.
Vnde Jeru	duo Ram	via tercia decima Joppen.

Nomina sanctorum locorum in terra Sancta quesita a peregrinis :

1. locus.	2^{dus} locus.	3^{ius} locus.	4^{tus} locus.	5^{tus} locus.	6^{tus} locus.	7^{mus} locus.	8^{vus} locus.
Jaff	Lid	Emavs	Josaphat	Oliueti	Sylo	Syon	Tem.

9^{nm} via ad Bethleem.	10^{mus} Bethleem	11^{mus} Bethleem	12^{mus} ad Montana.	13^{mus} ad Jordanem.	14^{mus} ad Bethaniam.
Et via	Beth	extra	Montan	Jordan	Bethania.

D 2

Loca miraculorum a Jaff usque Jerusalem :

Petra super quam S. Petrus stabat ad piscandum.	locus ubi Dorcas fuit resuscitata ad vitam.	Villa Lydde ubi sanctus Georgius fuit decapitatus.
.1.	.2.	.3.
Pe petra pis	Dorkas	Geor

In Lydda erat Enea sanatus a paralysi per S. Petrum.	castellum Emavs vbi Christus in fraccione panis nosciebatur a discipulis.
.4.	.5.
Enea paral	Emaus

Betulie villa Judith vidue.	locus ubi Judith decollavit Holofernem.	Anathot villa Jeremie propheta.	locus ubi Hely manebat.
.6.	.7.	.8.	.9.
Betulie	decol	Anathot	Sylo

villa vocata
ab Aramathia.
.10.
cum Joseph Ara.

Loca Sancta in stacionibus Jerusalem :

lapis cum crucibus super quem Christus cecidit cum cruce.	strata per quam Christus transivit ad suam passionem.	domus divitis negantis micas dari Lazaro.	ubi Christus cecidit cum cruce.
.1.	.2.	.3.	.4.
Lap	strat	di	trimum

locus ubi mulieres flebant propter Christum.	locus ubi vidua sive Veronica posuit sudarium super faciem Christi.	locus ubi beatissima Maria sincopizavit.
.5.	.6.	.7.
Flent	sudar	sincopizavit

porta per quam Christus transibat ad passionem.	Piscina in qua egroti sanabantur tempore Christi.	lapides super quos stetit Christus quando judicatus erat ad mortem.
.8.	.9.	.10.
Por ✠	Pis ✠	Lap ✠

locus ubi beata Maria transivit ad scolas.	domus Pilati.	domus Herodis.	domus Symonis Pharisey.
.11.	.12.	.13.	.14.
que scola ✠	domus ✠	Her	Symonis pharisey.

locus nativitatis beate Marie.
.15.
Nati ✠

templum Domini.
.16.
tem ✠

porta per quam Maria intravit quando purificaretur.
.17.
porta ✠

pinnaculum templi a quo S. Jacobus precipitatus erat.
.18.
Ja ✠

sepulcrum ubi S. Symeon erat sepultus in templo.
.19.
Sepul ✠

templum Salamonis.
.20.
Sal ✠

porta aurea per quam Christus intravit super asinam.
.21.
aurea ✠

porta sancti Stephani.
.22.
Stepha

locus ubi S. Stephanus erat lapidatus.
.23.
Steph. ✠

torrens Cedron.
.2. (sic)
torrente ✠

sepulchrum B. Marie virginis.
.3.
sepul

caverna ubi Christus sudavit sanguinem.
.4.
cavernula

ortus ubi Christus erat traditus.
.5.
tradicionis

ortus ubi Petrus amputavit aurem.
.6.
Auri ✠

ortus ubi Jo. Petrus et Jacobus dormierunt.
.7.
Jo ✠

ortus ubi Xtus dixit apostolis Dormite et requiescite.
.8.
dormi ✠

locus ubi virgo projecit cingulum Thome.
.9.
cin

locus ubi Xus stetit et flevit super civitatem.
.10.
Fletus ✠

locus ubi angelus tradidit viridam palmam Marie.
.11.
palma ✠

locus ubi quondam erat Galilea.
.12.
Galile. ✠

loca ubi possunt videre loca sancta in Jerusalem.
.13.
Indulgens ✠

capella ascensionis Domini nostri Jhesu Christi.
.14.
Ascen. ✠

capella sancte Pellagie.
.15.
Pel. ✠

locus vocatus Bethfage.
.16.
Beth.

locus ubi apostoli composuerunt Credo.
.17.
Cre ✠

locus ubi Christus docuit Paternoster.
.18.
Pa ✠

locus ubi Christus predicabat.
.19.
Pre ✠

locus ubi beata virgo sedebat quando visitavit loca sancta.
.20.
la Marie

cauerna ubi Christus apparuit S. Jacobo.
.20. (sic)
Apparet Jacobo ✠

locus ubi S. Barathias erat sepultus.
.21.
Sepul ✠

cavernule ubi discipuli se abscondebant tempore paꝰ.
.22.
antrum discipulorum

Loca Sancta in valle Syloe : ✠ ✠

Fons ubi Maria lavabat vestimenta Xti ante purificacionem.	fons ubi cecus ex nativitate recepit visum.	locus ubi Ysaias erat cecatus.
.1.	.2.	.3.
Fons ✠ ✠	nat Sylo ✠	cecant

locus vocatus Acheldemak.	caverne ubi sancti Xtiani faciebant penitentiam.	locus vocatus domus mali consilii.
.4.	.5.	
Achelde ✠	cavernule ✠	Consi.

Loca Sancta in Monte Syon : ✠ ✠

locus ubi Iudei rapere voluerunt corpus Marie.	locus ubi Petrus flevit post negationem Christi.	domus Anne pontificis.	domus Cayphe pontificis.
.1.	.2.	.3.	.4.
Rap. ✠	Petri fletus ✠	An	Cay

ecclesia in monte Syon ubi Xtus cenevit cum apostolis.	et ibidem locus ubi lavit pedes Apostolorum.	capella ubi S. Spiritus apparuit in linguis igneis.
.5.	.6.	.7.
Ce ✠	✠ Pe ✠	Spiritus almus

capella in quam intravit Xtus januis clausis.	pars columpne ad quam ligatus fuit Xtus.	locus ubi B. Maria solebat orare.	lapis super quem Xtus predicabat.
.9.(sic)	.10.	.11.	.12.
Clausa ✠	columpna	rogat ✠	in pre

lapis ubi beatissima Maria sedebat quando Xtus predicabat.	sepulcrum David, Salamonis et aliorum regum.
.13.	.14.
Pre ✠ ✠ Se ✠ Salamonis	

locus ubi agnus paschalis erat assatus pro cena Domini.	ibidem locus calefactionis aque pro locione pedum Apostolorum.	locus ubi S. Stephanus et alii erant sepulti.
.15.	.16.	.17.
Agnus ✠	et unda ✠	Stepha

locus ubi S. Johannes celebrabat missam ante beatam Mariam.

.18.

Mis ✚ ✚

domus ubi beata Maria
solebat manere.

.19.

domus ✚

locus ubi Mathias fuit
electus in apostolatum.

.20.

fuit elec

locus ubi Gallus
ter cantavit.

.21.

Gallus ✚

locus decollationis
sancti Jacobi.

.22.

decollat ✚

locus ubi Xtus dixit
mulieribus avete.

.23.

avete

locus ubi B. Virgo
respiciebat Calvariam.

.24

respice Calva.

Loca Sancta in templo Sancto Christianorum : ✚

Capella ubi Xtus apparuit
matri sue post resurrectionem.

.1.

Cap ✚

columpna flagella-
cionis Christi.

.2.

columpna ✚

super quem mulier resuscitata
erat per crucem Christi.

.3.

lapis ✚

petra cum foramine in
qua Xtus fixit vangam.

.4.

Petra ✚

lapis cum duobus foraminibus in quo
Xtus fuit incarceratus.

.5.

carceris ✚ ✚

aitare ubi miserunt
sortem pro tunica Christi.

.6.

altaque sortes

fossa profunda in qua S.
crux erat abscondita.

.7.

Fossa ✚ ✚

columpna super quam
sedebat quando erat coronatus.

.8.

corona ✚ ✚

foramen ubi posuerunt
crucem Christi.

.9.

fora

lapis fractus in
exitu Spiritus Xti.

.10.

Frac ✚

magnus lapis super quem
unxerunt Christam.

.11.

m^r la ✚

sepulcrum
Jesu Christi.

.12.

sepul

locus qui dividit
medium mundi.

.13.

mediumque

Loca Sancta in via ad Bethleem : ✠ ✠

locus ubi stella apparuit magis.	ecclesia Helie.	locus ubi Helias latuit.	scala Jacob.	sepulcrum Rachel.
.1.	.2.	.3.	.4.	.5.
Stel ✠	Hely ✠	latet	sancta	Rachel

locus nativitatis Helye.	ubi descendit Maria ab asino.
.6.	.7.
Hel ✠	des asinoque.

✠   ✠

Loca Sancta in Bethlem :

Capella sancti Jeronimi.	sepulcrum Innocencium.	locus ubi thesauri regum erant aperti.	locus sanctus Nativitatis.	locus presepis D'ni Jhesu.
.1.	.2.	.3.	.4.	.5.
Jero ✠	sepul	tezau ✠	Nati ✠	pre

altare ubi circumcisus erat Jhesus Christus.	locus ubi stella mersa fuit in materiam de qua facta erat.
.6.	.7.
Cir. ✠ ✠	quoque stella ✠ ✠ ✠

Loca Sancta extra Bethlem : ✠ ✠ ✠

locus ubi angelus precepit ut Joseph fugeret in Egyptum.	locus ubi angelus apparuit pastoribus.	locus ubi natus fuit Amos propheta.
.1.	.2.	.3.
Fugit in Egiptum Joseph ✠	patet angelus ✠	Amos

Loca Sancta in Montanis : ✠ ✠ ✠

fons ubi baptizatus fuit eunuchus Candacis.	locus ubi Maria salutavit Elizabeth.	ubi Maria fecit Ps. Magnificat.
.1.	.2.	.3.
Fons ✠ ✠	El ✠ ✠	Magnificat

petra que apparuit recipiens
baptistam a tortoribus Herodis.

locus circumcisionis
Baptiste.

locus ubi Zecharias
prophetavit Benedictus.

.4. .5. .6.

Petra ✠ ✠ Cir ✠ ✠ bene

locus nativitatis S.
Johannis Baptiste.

domus Symeonis qui
habuit Christum in brachiis.

locus ubi S.
crux crescebat.

.7. .8.

Nat ✠ ✠ Symeon ✠ ✠ et crux.

Loca Sancta ad Jordanem: ✠ ✠ ✠

locus ubi Joachim erat cum pastoribus
ante nativitatem Virginis.

mons quarentena ubi
Dic ut lapides.

mons super quarentenam
ubi diabolus ostendebat regnum.

.1. .2. .3.

Pastori. Joachim ✠ mons quarentena ✠ super mon.

domus Zachee
in Jericho.

monasterium
baptiste.

Jordanus
flumen.

desertum
Jeronimi.

monasterium
S. Jeronimi.

.4. .5. .6. .7. .8.

Zacheus ✠ baptist ✠ Jordanus Jero monast.

Loca Sancta Bethanie : ✠ ✠ ✠ ✠

sepulcrum ubi Lazarus erat
resuscitatus a morte.

lapis ubi Martha
occurrebat Christo.

domus Marthe
et Marie.

.1. .2. .3.

Lazarus in tumba ✠ Martha currente ✠ Maria ✠

Materie moventes transire ad Terram Sanctam.

Continentur in libello isto decem materie moventes devotos Christianos visitare Sanctam Terram redempcionis nostre. Prima materia movens est Conquestus Christi super ingratos nolentes illam visitare. Secunda materia movens illuc transire est Preceptum Christi. Tercia materia movens est Exortacio S. Jeronimi. Quarta materia movens est Indulgencia et venia peccatorum concessa illuc venientibus et

E

eorum propinquis in purgatorio. Quinta materia movens Christianos illuc transire est Epistola S. Leonis ad Juvenilem episcopum ad stabilitatem et confirmacionem fidei nostre sanctissime. Sexta materia est de hiis que faciemus omni die dum fuerimus in terra sancta, et de numero dierum nostre expectationis ibidem in terra sancta. Septima materia est de nominibus sanctorum locorum que queruntur a peregrinis in eadem terra Sancta. Octava materia est de indulgentiis concessis locis sanctis in terra Sancta. Nona materia est de rebus notandis in terra Sancta. Decima materia est de reliquiis in diversis locis per viam ad terram sanctam.

Prima materia movens Christianos transire ad terram sanctam est Conquestus Christi super ingratos qui volunt visitare illa loca Sancta.

Nota contra Divites. In 7° libro visionum Sancte Brigitte, cap. 13, dixit Christus Sancte Briȝette, Hec enim que tu vidisti nunc et alia que ego sustinui principes mundi non attendunt, nec eciam loca considerant in quibus ego natus passus sum.

Secunda materia movens Christianos est Preceptum Christi ad diversos. Primo ad beatum Paulum per angelum precepit Christus ut Paulus visitaret loca Sancta Jerusalem. Scribitur in vita sancti Barnabe quod angelus diceret sancto Paulo, Ne prohibeas Barnabam ire in Cyprum, quoniam preparata est ei gratia Dei ad illuminacionem multorum et sacrum martirium perficiendum; Tu autem perge in Jerusalem ad loca sancta visitanda; celeriter propera Jersusalem nec moram facias quia fratres prestolantur valde adventum tuum. Item in 7° libro visionum sancte Brigitte cap. 9° scribitur, quod Christus precepit sancte Brigitte et sociis ejus ut irent ad Jerusalem dicens, Ite Nota confortacionem Christo transeuntibus ad Jerusalem. jam et recedite a Roma ad Jerusalem: Quid causaris de etate? Ego sum nature conditor: Ego possum infirmare et roborare naturam sicut mihi placet: Ego ero vobiscum: Ego dirigam viam vestram: Ego ducam et reducam vos ad Romam, et procurabo vobis necessaria sufficientius quam unquam habuistis prius. Item in vita Basilidis scribitur: Dixit Dominus Basillidi, Vade et tolle unum de fratribus tuis, et vide parentes tuos, et illos fac tecum venire in civitatem sanctam Jerusalem : Ego dabo vobis coronam vite. Ite cum gaudio, et ego vobiscum sum usque ad consummacionem seculi ✠ ✠ ✠ ✠ .

Tercia materia est Exortacio sancti Jeronimi ad Desiderium in epistola hortatoria ad visitandum terram sanctam que incipit *Lecto Sermone* ubi dicit, Hortor vos et precor per Domini caritatem ut nobis vestros tribuatis aspectus et per occasionem Sanctorum locorum tanto ditetis munere. Certe si consortia displicuerint pars fidei est. Et quasi recentia nativitatis et crucis ac passionis vidisse vestigia.

Quarta materia movens est Indulgencia et venia peccatorum concessa venientibus illuc et eorum propinquis in purgatorio.

In libro 7° visionum sancte Brigitte, cap. 11°, scribitur quomodo Christus loquens ad sanctam Brigittam in templo Christianorum dixit, Quum intrastis templum meum dedicatum sanguine meo, sic mundati estis ab omnibus peccatis vestris sicut si tunc levati essetis de fonte baptismatis. Et propter labores et devotionem vestram alique anime consanguineorum vestrorum que erant in purgatorio hodie liberate sunt et intraverunt in celum in gloria mea. Nam omnes qui veniunt ad locum istum cum voluntate perfecta se emendandi juxta meliorem consciencia suam, nec volentes residinare in priora peccata, hiis omnia peccata priora totaliter dimittuntur et augetur eis gracia perficiendi. Huic sancte Brigitte Christus ostendebat suam passionem in Monte Calvarie, ubi Christus dixit ad eam, Attende tu quia in illo foramine petre infixus fuit pes crucis mee tempore passionis mee. Huic eciam sancte Brigitte ostendebat beatissima virgo Maria Nativitatem Christi in sancto specu Bethleem. Et eadem beatissima virgo Maria, Brigitta exeunte ab ejus sepulcro in valle Josaphat, dixit, Scias quod nullum corpus humanum est in celo nisi corpus gloriosum filii mei et meum. Vos igitur jam recedite ad terras Christianorum, vitas vestras in melius

E 2

emendate, et cum summa custodia et attencione de cetero vivite; ex quo jam visitastis ista loca sancta ubi filius meus et ego viximus corporaliter et mortui et sepulti sumus.

Quinta materia movens Christianos transire ad terram sanctam est Stabilitas et confirmacio fidei nostre, ut patet in epistola Leonis pape ad Juvenilem, episcopum Jerosolomitanum, qui sic scribit; Quamvis enim nulli sacerdotum liceat nescire quod predicet, quoniam qui ignorat ignorabitur. Inexcusabilior est omnibus imperitis quilibet Jerosolomitanus qui ad cognoscendam veritatem evangelii non solum paginarum eloquiis sed ipsorum iocorum testimoniis eruditur. Et quod alibi non licet non credi ibi non potest non videri: Quid laborat intellectus ubi est magister aspectus; et cur lecta vel audita sunt dubia ubi se et visui et tactui tot humana salutis vigere sacramenta. Quasi ad singulos quoque cunctantes dominus adhuc corporea utatur voce et dicat, Quid turbati estis et quare cogitaciones ascendunt in corda vestra, videte manus meas et pedes meos quia ego ipse sum, palpate, etc. Utere ergo frater invictissimis Catholice fidei documentis et Evangelistarum predicacione et sanc-

Nota propter quid ordinatur visitare Terram Sanctam.

torum locorum in quibus degis testificacione defende; apud te est Bethleem in qua salutifer Davitice virginis partus illuxit quem involutum pannis inter angustias diversorii presepe suscepit; apud te est declarata ab angelis, adorata a magis, et per multorum mortes ab Herode quesita salvatoris infancia; apud te est ubi puericia ejus adolevit, ubi adolescentia maturavit, et per omnia incrementa corporea in virum perfectum veri hominis natura profecit. Non sine cibo esuricionis, non sine sompno quietis, non sine fletu miseracionis, nec sine pavore formidinis; Unus enim atque idem est, qui et in Dei forma operatus est miracula magne virtutis et in forma servi subiit seviciam passionis. Hoc tibi ipsa crux indesinenter loquitur, hoc lapis clamat sepulcri quo Dominus humana conditione jacuit et de quo divina potencia resurrexit: Et cum ad Montem Oliveti locum Ascensionis veneraturus accedis nonne illa vox angelica in tuo resultat auditu, que elevatione Domini stupentibus dicitur, Viri Galilei quid statis aspicientes in celum, hic Jhesus qui assumptus est a vobis in celum sic veniet, etc. Veram igitur Christi generationem crux vera confirmat. Quoniam ipse in carne nostra nascitur, qui in nostra carne crucifigitur, qui, nullo interveniente peccato, nisi fuisset nostri generis non potuisset esse mortalis, ut autem repararet omnem vitam recepit omnem carnem.

Sexta materia est de hiis que faciemus omni die dum in sancta terra fuerimus et de numero dierum. Prima die veniemus ad portum Jaff et ibi exspectabimus in spelunca. Secunda die equitabimus ad Ramatha expectantes tota nocte in hospicio Christianorum. Tercia die ibimus ad Lidda, ubi sanctus Georgius erat decapitatus, et ibi veniemus ad Ramatha. Quarta die equitabimus ad Jerusalem, et cum illuc venerimus ibimus ad templum sanctum Christi, et non intrabimus in templum, sed videbimus petram in medio pavimenti ante portas templi, super quam Dominus requiescebat cum cruce sua. Quinta die circa horam secundam noctis ibimus Staciones per vicos Jerusalem et per vallem Josaphat, Montem Oliveti, vallem Syloe, et ad Montem Syon, et ibi prandemus cum devotis fratribus; et nocte sequente intrabimus in templum sanctum Domini et mane sequente exibimus. Sexta die equitabimus ad Bethleem, et ibi exspectabimus per totam noctem visitantes ibidem loca sancta. Septima die ad Montana Judee visitantes ibidem loca sancta. Inde veniemus Jerusalem et intrabimus nocte in templum sanctum Christi. Octava die exspectabimus in Monte Syon et in Jerusalem usque ad noctem et in nocte equitabimus versus montem Quarentene, et in viridario vallis manducabimus et dormiemus postquam descenderimus de monte Quarentene. Nona die postquam descendimus de quarentena equitabimus ad flumen Jordanis et nocte jacebimus Jerico. Decima die mane equitabimus versus Jerusalem per Bethaniam videntes ibi loca sancta, et cum venerimus Jerusalem intrabimus nocte in templum sanctum Christi. Undecima die exspectabimus apud Jerusalem et Syon et nocte jacebimus in monasterio sanctorum fratrum in Monte

12

(13)

f. 19, b.

Syon. Duodecima die equitabimus ad Ramatha, et tertiodecima die ibimus ad Joppen et intrabimus mane ad galeam. Ut ista que faciemus in istis diebus habeantur in mente, ordinavi versus :

.1.   .2. .3.   .4.
Ad Jaff prima via Se Ram ter Lidda Jeru quart
.5.   .6.   .7.
Quint Sta Beth sexta Sep ad Montana Judee
.8.   .9.   .10.
Oc remanere Jeru non Jurdan decima Betha
.11.   .12.   .13.
Unde Jeru duo Ram via tercia decima Joppen.

Septima materia est de nominibus sanctorum locorum, que queruntur et visitantur a peregrinis in terra sancta. Primus locus est Joppe, secundus Lidda, tercius Emaus, quartus vall. Josaphat, quintus Mons Oliveti, sextus vallis Syloe, septimus Mons Syon, octavus templum sanctum Christi, nonus via versus Bethleem, decimus monasterium Bethleem, undecimus via versus Montana Judee, duodecimus in Montanis Judee, terciusdecimus fluvius Jordanis, quartusdecimus est Bethania. Ut ista loca habeantur in mente ordinantur versus sequentes :

.1. .2. .3.   .4.   .5.   .6. .7. .8.
Jaff Lid Emaus Josaphat Oliveti Sylo Syon tem
.9. .10. .11. .12.   .13.   .14.
Et via Beth extra Montan Jordan Bethania.

Octava materia est de diversis locis sanctis visitandis a peregrinis, et eorum nominibus, et indulgenciis istis locis concessis, cum versibus de istis locis factis. Primo ad introitum terre sancte, scilicet ad Jaffa, confessis et contritis causa peregrinacionis venientibus est remissio omnium peccatorum. ✠   Et notandum est quod ubi ponitur crux est plena indulgencia a pena et culpa, ubi non ponitur crux sunt indulgencie septem annorum et septem quadragenarum dierum. Predicte indulgentie concesse fuerunt a sancto Silvestro Papa ad preces sancti et magni Constantini imperatoris et sancte Helene matris ejus omnibus vere penitentibus confessis et contritis ad illa

loca sancta causa devocionis et peregrinacionis venientibus temporibus perpetuis duraturis. Jaff fuerat quondam magna civitas edificata Jaff portus.
per Japhet filium Noe, cum bono portu murato; sed nunc est
destructa totaliter, exceptis tribus cavernis, in quibus ponuntur peregrini et inde numerantur a Sarazenis. Est eciam turris parva super
Montem Jaff, per quam a nautis cognoscitur portus et patria. Illa
terra fuit quondam terra Philistinorum, sed nunc vocatur Surray,
sicut tota terra sancta. Item per unum miliare a Jaffa jam infra
mare est petra magna super quem sanctus Petrus stabat ad piscan- Petra.
dum. Ibi est eciam portus ad quem descendit Jonas propheta ut
fugeret in Tharsis a facie Domini. In Jaffa eciam est locus ubi beatus 2ª Dorcas.
Petrus apostolus Tabitam apostolorum discipulam resuscitavit a
mortuis. A Jaffa ad Ramatha sunt decem miliaria, ibi intrant peregrini in hospitali Christianorum : et notandum est quod est opor- Nota pro
tunum venire cum primis ad locum ad eligendum cameram et ad polocia.
habendum aquam friscam : item est oportunum emere a custode
hospitalis storiam ad ponendum inter vos et terram et super eam
jacendam quod non sunt ibi lectisternia. Dormite in hospitali predicto,
prima nocte venit gardianus fratrum et facit ibi missam celebrari ;
sed antequam incipiatur missa querit gardianus, si habeant omnes
peregrini licentiam a domino papa veniendi ad terram sanctam.
Non habentibus licentiam culpat propter inobedienciam ecclesie
catholice, attamen dicit se habere autoritatem absolvendi eos ab illa
sententia, et movet eos cito confiteri et accipere penitenciam salu-
tarem. Monet eciam omnes ut habeant veram caritatem ad invicem,
per quam possunt indulgencie terre sancte adipisci. Missa finita,
vadunt peregrini, pedestres qui volunt et equitant qui volunt, per duo
miliaria ad villam que vocatur Lidda, quondam vero Diaspolis
nomine : fuit aliquando magna civitas, sed modo est fere destructa,
et est in terra Philistinorum. Ibi faciunt peregrini orationes ad sanctum Georgium in ecclesia Grecorum, que olim erat magna et decens,
sed modo pro majori parte destruitur. Ibi erat sanctus Georgius
decapitatus et martirizatus : ibi eciam est locus ubi sanctus Petrus

4^{tus} locus.

sanavit Eneam paraliticum. Deinde veniunt peregrini ad Ramatha, et manent in hospicio ipso die et nocte sequenti ; mane autem facto et missa dicta accipiunt azinos ad equitandum versus Jerusalem. De Ramatha ad novam portam sunt duodecim miliaria; ibi est una domus magna et una cisterna, ibi requiescunt peregrini et manducant et bibunt. Ab illa porta nova ad Jerusalem sunt duodecim miliaria, et est via aspera et petrosa et montosa ; et ideo bonum est habere aquam vino mixtum ad bibendum per viam. Sed antequam venitur ad Jerusalem in via per distantiam vij. miliarium juxta viam a

5^{tus} locus.

dextris in montibus erat ecclesia, que quondam castellum Emaus vocabatur, ubi duo discipuli cognoverunt Dominum in fractione panis, in quo loco Sanctus Cleophas est sepultus. Item in plano prope

6^{tus} locus.

montes fuit civitas Bitulie, unde fuit Sancta Judith vidua que decollavit Holofernem ; et ibi prope est locus ubi decollavit eum. Item

7^{tus} locus.

ascendendo versus Jerusalem fuit villa Anatot de qua fuit Jeremias

8^{vus} locus.

propheta. Postea in monte est locus Sylo, in quo fuit Hely pontifex

9^{nus} locus.

et Samuel propheta qui ministrabat ibi coram Domino, et ibi est

10 locus.

Samuel sepultus. Ibi prope fuit civitas Arimathie, de qua fuit Joseph nobilis qui petiit corpus Jesu. Hec novem sancta loca a Joppe usque Jerusalem continentur in duobus versubus sequentibus :

.1.   .2.   .3. .4.   .5.
Pe petra pis Dorkas Geor Enea paral Emaus

.6. .7. .8. .9.   .10.
Betulie decol Anatot Sylo cum Joseph ara.

Hic incipiunt Sancte Stationes.

De Sylo in Jerusalem sunt quinque miliaria, in cujus introitu causa peregrinacionis confessis et contritis illuc venientibus est remissio

Peregrinacio ad Staciones.

pene et culpe. ✠ Cum intraverint peregrini in Jerusalem manent prima nocte in hospitali Christianorum. Summo mane veniunt fratres de Monte Syon ante solis ortum duas horas et vadunt peregrinis ad illa loca sancta stacionum.

In primis vadunt ad templum sancti Sepulcri, ante quod templum

est locus quadratus in spacio quasi unius jactus lapidis et est
pavatus; in medio cujus pavimenti jacet lapis quadratus albi mar- Primus locus. Lapis.
moris, signatus cum multis crucibus, quasi unius pedis et dimidii in
longitudine, super quem Christus requievit fessus portando crucem
in humeris suis de domo Pilati versus montem Calvarie. Circa
illum locum primo sub una scala per quam ascendi potest ad montem
Calvarie est una capella sancte Marie et sancti Johannis evangeliste.
In illo loco steterunt in crucifixione Christi; Indiani serviunt ibi.
Prope illam est capella S. Michaelis et omnium angelorum; Jacobite
deserviunt ibi. Prope illam est capella sancti Johannis Baptiste;
Armeni deserviunt ibi. Et iste tres capelle sunt ad orientalem
partem loci quadrati antedicti. Ex occidentali parte ejus est capella
magna et pulchra sancte Marie Magdalene; Nestoriani deserviunt
ibi. Quondam fuit in Constantinopoli quidam magnus doctor Nestorianus, et ab illo surrexit ille falsus traditor Machometus; sed isti
Nestoriani manent adhuc in secta sua et dicunt se fore Christianos,
sed magis sunt heretici et scismatici. Isti habent consuetudinem quomodo faciunt radi totum caput præterquam in summitate capitis; ibi dimittunt capillum longum pendere circa aures et
omnes sunt barbati. Non tunc dabitur licencia intrandi templum
sancti Sepulcri: sed Fratres Minores vadunt cum peregrinis ad alia
loca sancta. In transeundo a loco sancti Sepulcri primo ad orientem 2^{dus}
est strata quedam, per quam Christus ascendebat cum cruce ut [Strata.]
pateretur; et per eandem viam venitur ad domum divitis qui 3us Domus
negavit micas Lazaro. Parum abhinc venitur ad trivium, ubi ngari- divitis.
averunt Judei Symonem Syreneum, ut tolleret crucem Jhesu; in- 4^{tus} Trivium.
ibi est locus ubi dixit Jhesus mulieribus, *Filie Jerusalem nolite flere* 5us Fletus.
super me. Ibi eciam ad dextrum latus est locus ubi Jhesus impressit
sudario faciem suam et dedit Veronice. 6^a Sudarium.

Item non remote abhinc est locus in quo beatissima Virgo Maria
sincopizavit, quando videbat filium suum Jhesum venientem cum 7^a Sincopiza-
cruce. Ibi fuit eciam ecclesia que appellabatur a Christianis sancta vit.
Maria de Spata, et nunc est destructa. Ulterius est locus porte 8 Porta.

F

antique civitatis per quam Christus fuit ductus ad mortem.   Item
non longe abhinc est probatica piscina, ubi angelus semel aquam
movebat in die.   Ibi prope in arcu testudinis cujusdam, qui fabri-
catus est supra plateam ex transverso ab uno latere ad alterum
latus, videntur duo lapides albi coloris, super quos Christus stetit
quando judicatus erat ad mortem.   Tunc prope est scola beatissime
Marie ubi didicit litteras.   Item per illam portam ex alia parte vie
est domus Pilati, in qua Christus fuit flagellatus et judicatus ad
mortem. ✠ Ulterius in eadem platea est domus Herodis regis in
qua fuit Christus illusus et veste alba indutus ab Herode.   Item
ulterius versus Aquilonem est alia platea ubi est domus Symonis
Pharisei, in qua dimissa fuerunt multa peccata Marie Magdalene.
Prope probaticam piscinam est domus sancte Anne, in qua nata fuit
beatissima Virgo Maria. ✠ Que domus fuit monasterium sancte
Scholastice Virginis, nunc vero est hospicium Sarazenorum.   Postea
ad meridiem ex opposito est templum Domini, in quo Christus multa
miracula gessit et in quo beatissima Virgo Maria fuit presentata et
desponsata Joseph.   Christus etiam erat ibi presentatus in die purificacionis, et alio tempore inter doctores disputans inventus. ✠ Circa
illud templum ad meridiem est porta, per quam Virgo Maria intravit
cum puero suo Jhesu quando presentavit eum in eodem templo.   De
pinna illius templi precipitatus fuit sanctus Jacobus Minor.   Item
circa hoc templum est sepulcrum sancti Simonis justi, cujus corpus
integrum nunc est apud Jarra in Dalmacia.   Item non remote inde
est templum Salomonis, in quo Christus predicavit in die palmarum.
Item prope hoc est porta aurea, per quam Jhesus intravit in die
palmarum sedens super asinum, et per eandem portam intravit
Eraclius.   In ipsa eciam porta obviaverunt se Joachim et Anna,
quando nunciatum est eis Mariam nascituram.   Item prope domum
sancte Anne est porta quedam versus orientem, per quam eductus fuit
sanctus Stephanus ad lapidandum.   Istorum sanctorum locorum pre-
cedencium sequuntur tres versus,

Marginal notes:
9 Piscina.
10 Duo lapides.
11 Scola.
12 Pilati.
13 Herod.
14 Symonis.
15 Nata.
16 Templum.
17 Porta.
18 Jacobus.
19 Sepulcrum.
20 Salomonis.
21 Porta.
22 Stephanus.

.1. .2. .3. .4. .5. .6. .7.
Lap stat di trivium flent sudar sincopizavit

.8. .9. .10. .11. .12. .13. .14.
Por pis lap que scola domus Her Symonis Pharysei

.15. .16. .17. .18. .19. .20. .21. .22.
Nati tem porta Ja sepul sal et aurea Stepha.

Peregrinaciones Vallis Josaphat. ✠

Vallis Josaphat nomen suum accepit a rege Josaphat ibi sepulto. Descendendo ad illam vallem Josaphat in via est locus petrosus ad sinistram manum, ubi lapidaverunt Judei Stephanum.   Item in valiis Josaphat medio est torrens Cedron, qui causatur ex habun- dancia magni pluvii descendentis de montibus, et dicitur quod lignum sancte Crucis jacebat super torrentem in modum pontis per longa tempora ; sed quando regina Saba veniebat in Jerusalem ad regem Salomonem noluit ambulare super eum, quia scivit in spiritu ejus virtutem futuram.   In valle eciam Josaphat ad dextrum est magna capella B. Marie Virginis, in cujus fine orientali infra subtilem capellam est ejus sepulcrum cum lapidibus albi marmoris ornatum. Et est ibi lapis unus quem angelus portavit beatissime Marie a monte Synay, et est ejusdem coloris cujus est lapis tumbe sancte Katerine. ✠   Ista ecclesia habet unum hostium solum, scilicet ad austrum : descensus ab isto hostio ad ariam ecclesie stat in xlviij. gradibus.   Ante angulum ecclesie, inter orientem et austrum, est caverna magna lapidea, in qua Christus oravit ter ad Patrem in nocte cene, et factus est sudor ejus sicut gutte sanguinis decurrentes in terram ; et locus iste vocatur Gethsemani.   In dextera parte illius caverne erat lapis insertus parieti, in quo vestigia Christi erant impressa quando genuflectendo orabat Patrem.   Eciam est ibi locus ubi est lapis quem pre tristicia passionis strinxit Dominus, et remansit ibi in lapide illo impressio digitorum Christi.   Istorum sanctorum locorum et unius loci sequentis sequitur versus ✠

(marginal notes:) 1. Stephanus torrens.   3 Sepulcrum nota.   4 Caverna.

.1. .2. .3. .4 .5.
Steph torrente sepul que cavernula tradicionis.

P 2

Peregrinaciones Montis Oliveti.

Ad meridiem, per jactum unius lapidis ab oratorio et caverna predicta, est ortus ubi Judas osculo Christum tradidit; et in quo Christus erat captus et ligatus. Legi eciam quomodo est ibi locus, in quo capto Domino impressit digitos lapidi, cum, assumptis Petro, Jacobo et Johanne, cepit contristari et mestus esse; et lapis iste, ut estimatur, est Rome in ecclesia sancti Johannis Latranensis prope sanctum Sanctorum. Item non longe inde est locus ubi Petrus amputavit auriculam servi principis sacerdotum, cui nomen Malcus. Extra ortum montem ascendendo est locus in quo Christus dimisit Petrum, Jacobum et Johannem dicens, *Vigilate et orate*, etc. Item modicum inde montem ascendendo est locus in quo dormierunt discipuli, dummodo Christus oravit. Item ibi prope est locus, ubi beatissima virgo Maria misit cingulum suum beato Thome apostolo cum assumpta erat in celum. Ascendendo montem est stricta via et longa, et juxta viam est locus, ubi Christus videns civitatem Jerusalem flevit super eam in die palmarum dicens, *Si cognovisses et tu* etc. Postea magis ascendendo montem est locus, in quo angelus presentavit beatissime Marie palmam delatam a paradiso annuncians ei diem exitus et assumpcionis sue in celum. Item super montem ad sinistram manum est locus, ubi quondam fuit villa Galilee, ubi Christus in die resurrectionis sue apparuit undecim discipulis, quibus dixit, *Precedam vos in Galileam*. Inde parum est locus ubi habentur omnes   Indulgencie que sunt in illis locis ad que peregrini non possunt intrare; videlicet, ad domum Pilati, ad templum Domini, ad templum Salamonis, ad domum in qua beatissima Maria fuit nata, et ad portam auream. Ad nullum istorum locorum possunt peregrini habere ingressum. ✠ Eciam in eodem monte cernitur civitas Jerusalem in toto et porta aurea predicta. Abhinc itur super montem Oliveti ad meridiem, ubi est ecclesia in cujus medio jacet quidam lapis, in quo est vestigium Christi dextri pedis ascendentis in celum, et viri illius opidi stabant cum discipulis Christi aspicientes in celum; quibus duo viri juxta illos vestibus albis

1 Ortus tradicionis.

2 Auriculus.

3 Johannes.

4 Dormierunt.

5 Cingulum.

6 Flevit X'tus.

7 Palmam.

8 Galilea.

9 Indulgentie.

10 Ascencionis.

vestiti dixerunt, *Viri Galilei quid admiramini aspicientes in celum.*
Et lapis iste in quo est vestigium ✠ dextri pedis est de marmore
fusco aliqualiter albo.   Item extra ecclesiam ad manum sinistram
est alia capella, in qua sancta Pellagia egit penitentiam pro peccatis   [12] Pelagia.
suis.   Item est alius locus, qui dicitur Bethphage, ubi Christus stetit
quando misit duos discipulos pro azino et pullo suo dicens eis, *Ite
in castellum quod contra vos est,* etc.   Item ibi prope montem
descendendo fuit capella sancti Marci Euangeliste, ubi apostoli
composuerunt *Credo;* prope illam est locus in cujus muro est magnus   13 Credo.
lapis, super quem Christus docebat apostolos oracionem Dominicam,
scilicet, *Pater noster qui es in celis,* etc.   Item ibi prope est lapis   14 Pater
quidam in medio vie, ubi Christus docuit octo Beatitudines, scilicet,   noster.
Beati pauperes spiritu, etc.   Item ulterius montem descendendo   15 [Lapis.]
est locus in quo beatissima Virgo Maria requiescebat fatigata,
quando visitabat ista loca sancta.

Item alie peregrinaciones et loca in valle Josaphat.

Item ulterius montem descendendo ad manum sinistram stat   16 Maria.
pars illius arboris, in qua Judas se suspendit.   Item descendendo
ad vallem Josaphat est sepulcrum Absolonis, filii David regis.
Prope ibi est locus ubi Christus in die resurrectionis apparuit   17 Jacobus.
Jacobo minori et apposuit panem dicens ita, *Surge mi frater et
comede :* fuit eciam in eodem loco sepultus.   Ibidem eciam erat
quondam sepultus Zacharias filius Barachie, qui occisus erat inter   18 Sepulcrum
templum et altare.   Circa illum locum latibula apostolorum ubi se   Zacharie.
absconderunt in passione Christi.   Istorum novendecim locorum   19 Latibula
isti sunt versus :   vel antrum.

.1 .2. .3. .4. .5 .6. .7.
Auri Jo dormi cus fletus palma Galile

.8.   .9. .10. .11. .12. .13. .14.   .15.
Indulgens ascen Pel Beth cre pa pre la Marie

.16. .17. .18.   .19.
Apparet Jacob Sepul antrum discipulorum.

Peregrinaciones Vallis Syloe. ✠

Ex alia parte pontis Syloe, que dividit vallem Josaphat et vallem
Syloe, est descensus in foramen quondam valde obscurum, ubi in
1 Fons.   fundo est fons cum optima aqua, in quo beatissima Virgo Maria lavit
vestimenta filii sui Jhesu quando presentavit eum in templo.   Inde
2 Natatorium. ulterius procedendo ad dexteram manum est natatorium Syloe, in quo
cecus a nativitate lavit oculos suos et illuminatus est, illuc missus a
Christo.   Item ante illum natatorium prope viam est locus, in quo
3 Secaverunt. Judei Ysaiam prophetam secaverunt cum sarra lignea per medium,
et ibi prope est ejus sepulcrum.   Ulterius inde procedendo ascen-
4 Achildemak. ditur per manum dexteram ad campum sanctum Achildemak emptum
precio sanguinis Christi in sepulturam peregrinorum, nunc vero
vocatur Armenorum; ager ille est quadratus et habet in latitudine
spacium jactus unius lapidis, et est subcavatus cum novem foraminibus ad imponendum corpora defunctorum.   Item circa illum sunt
5 Latibula.   multa latibula, in quibus, quando terra erat in manibus Christianorum, multi Christiani solitarii faciebant penitencias suas.   Item
6 Domus mali ibi superius parum prope est domus mali consilii, sic vocata quia ibi
   consilii.   congregati principes sacerdotum cum ceteris consilium fecerunt ut
Jhesum morti traderent; et illuc accessit Judas ad tradendum
Christum.   Et ibi olim fuit monasterium sancti Cipriani.   Istorum
sanctorum locorum est unus versus:

.1.   .2.   .3.   .4.   .5.   .6.
Fons Nat Sylo secant Achelde cavernula consi. ·

Peregrinaciones sacri Montis Syon.

1 Rape.   Ascendendo in Monte Syon est locus, ubi Judei rapere voluerunt corpus beatissime Virginis quando ab apostolis portabatur ad sepulcrum.
2 Flevit.   Item ubi sanctus Petrus flevit amare pro negacione Christi.   Item
3 Anna.   ecclesia sancti Angeli; ipsa erat domus Anne pontificis, ubi Christus
examinatus et a lapis cesus; postea erat monasterium Armenorum.
Item in Monte Syon est monasterium pulcrum Ordinis Minorum et

est ascensus in ecclesiam per viij. gradus. In illa eadem ecclesia ad summum altare cenavit Christus cum discipulis suis et ibidem con- 4 Cena. fecit summum Sacramentum. ✠ Circa hoc altare ad manum dexteram est altare, ubi Christus lavit pedes discipulorum suorum foras 5 Pedes. ecclesiam. Ad meridiem est locus quadratus in altitudine a terra cum area ecclesie; per illam itur ad cenaculum quod est pone summum altare; ibi fuit capella cum uno altare et ibidem misit Dominus Spiritum Sanctum Apostolis in die Pentecostes. ✠ Postea descendi- 6 Spiritus tur in claustrum, in cujus angulo est parva capella sancti Thome almus. Apostoli, in qua Christus se prebuit palpabilem beate Thome et in 7 Clausa. quam intravit Jhesus, januis clausis ✠ Item infra in Sacrista est 8 Columna. quedam pars columnæ flagellacionis Christi in muro Sacristie inclusa. Item juxta occidentale latus ecclesie est locus, in quo beatissima Maria solebat orare. Item ad latus boreale ejusdem ecclesie est lapis ubi beatissima virgo Maria solebat orare. Item ad latus bo- reale ejusdem ecclesie est lapis ubi beatissima virgo solebat sedere, 9 Rogat. quando Christus ibi predicabat. Item parum orientalius est lapis, 10 In predi- super quem Christus sedebat quando ibi predicabat. Item in pariete cac. 11 Predicabat. ecclesie ex parte septentrionali est sepulcrum David et aliorum regum, 12 Sepulcrum et vocabatur capella David regis. Item extra orientalem finem ecclesie David. est locus, ubi agnus pascalis parabatur pro cena Domini, et eciam 13 Agnus et aqua erat calefacta pro pedibus apostolorum abluendis. Tunc proce- cena. dendo inde borealius per parvum jactum lapidis est locus ubi sanctus Stephanus, Nichodemus, Gamaliel, et Abibon secunda vice 14 Stepha. erant sepulti. Postea ad occidentalem partem per jactum lapidis est lapis rubeus pro altari, qui quidem lapis portatus erat de Monte Synay per manus angelorum ad preces sancti Thome revertentis ab India, super quem celebrabat sanctus Johannes Evangelista coram beatissima virgine Maria missam per multos annos post ascensio- nem Domini. Ibi prope australius est locus ubi beatissima virgo 15 Missa. Maria commorabatur per xiiij. annos, et in quo loco migravit ex hoc 16 Commorab. seculo. Parum inde inter orientem et austrum est lapis rubeus aliis lapidibus circumdatus, ubi beatus Mathias erat electus in apostolum in die Pentecostes loco Jude proditoris. Hec omnia loca Montis Syon prescripta fuerunt infra ecclesiam magnam, que vocabatur Sancta Maria de Scala ad celos. Item per bonum jactum lapidis inde contra boream est ecclesia Sancti Salvatoris : ibi deserviunt Armeni. Super magnum altare istius ecclesie jacet lapis ille, qui erat advolutus ad hostium monimenti Jhesu Christi, et est valde magnus : in longitudine enim est duorum brachiorum et plus, et est in spissitudine unius pedis et dimidii, et est marmoris albi. Juxta finem australem illius altaris est carcer in pariete, in quo Christus ligatus erat ad columpnam per totam noctem. Ista ecclesia fuit domus Cayphe pontificis, in qua Christus fuit contemptus, examinatus, sputo fedatus, velatus, in capite percussus, a Petro ter denegatus, et in predicto carcere inclusus usque ad mane Parascues quousque mitteretur ad Pilatum. Hostium ecclesie in occidentali parte est prope ad dexteram, quando introitur : in ramine parietis, altius quam est homo, jacet lapis ille, super quem stetit Gallus quando cantavit ter antequam negavit Petrus Christum : ibidem extra hostium est arbor ubi Petrus stetit, quando negavit Christum in domo Cayphe. Postea in transeundo a Monte Syon usque Jerusalem, in dextera parte vie, est ecclesia Armenorum, in cujus latere aquilonari est parva capella, ubi erat decollatus sanctus Jacobus apostolus frater sancti Johannis Evangeliste ab Herode. Deinde procedendo contra aquilonem ad Jerusalem per duos jactus lapidis est magnus lapis ad dexteram manum vie juxta unum parietem, et circa eum lapidem in pariete sunt cruces multe que osculantur a peregrinis : ibi apparuit Christus tribus Mariis revertentibus a monimento in die resurrectionis, dicens eis, *Avete*. Ibi ex opposito ad occidentem, quasi per jactum lapidis, est magnum castrum David circumfossatum. Modicum a castello David est lapis, ubi beatissima Maria solebat sedere et respicere ad montem Calvarie. Istorum 23 locorum sunt quatuor versus sequentes :

Nomen ecclesie Syon.

18 Lapis monimenti.

19 Carcer Christi.

20 Gallus.

21 Decollatus.

22 Avete.

23 Calvarie.

     1.   2.   3.   4.   5.   6.
   Rap   Petri   fletus   An   Ce   pe   Spiritus almus

7. 8.   9. 10. 11.   12.
Causa columpna rogat in pre pre Se Salamones

13.   14. 15. 16.   17.
Agnus et unda Stepha inis domus et fuit elec.

18. 19. 20. 21. 22.   23.
Pe cal gal decol avete respice Calva.

Omnia ista loca queruntur a peregrinis mane ante summam missam in monte Syon, preterquam ad domum Anne et Cayaphe, et capellam sancti Jacobi, et ubi corpus Marie fuisset rapta, ubi Petrus flevit amare, et ubi Christus apparuit tribus Mariis : et quia montes sunt alti et estus magnus, necesse erit peregrinis habere secum panem, vinum et aquam. Sed cum venerint ad monasterium fratrum in Syon, post missam ibi auditam, manducant cum fratribus, et ipsi nichil petunt ex debito, nisi quod voluerint dare ex elemosina. Post prandium venitur in Jerusalem, et manent ibi peregrini in hospitali usque ad vesperas sub custodia Sarazenorum; et hora vesperarum veniunt fratres de monte Syon ad illos et ducunt eos ad templum sancti Sepulcri, in quorum adventu congregantur majores Sarazeni de Jerusalem, et computant peregrinos et scribunt eorum nomina, et sic includunt eos in templo usque mane.

Peregrinaciones in Templo Domini.

In introitu porte templi Jerusalem jacet lapis niger et marmoreus; super ipsum positum fuit corpus Jhesu, quando deposuerunt 1. Capella. eum de cruce ut condirent eum aromatibus, et involverunt eum lintheaminibus ad eum sepeliendum. ✠ Capella beatissime Marie Virginis est ad aquilonem, in qua Christus creditur apparuisse post suam resurrectionem primo matri sue beatissime Marie in die Pasche. In eadem capella est pars columpne, ad quam Christus 2 Columpna. ligatus fuit et flagellatus in domo Pilati; et stat in dextra parte capelle infra cratem ligneam. Item in eadem capella est altare ubi sancta Crux Domini reservata fuit, et adhuc habetur ibi pars parva ejus crucis. In medio istius capelle jacet petra quedam rotunda 3 Petra.

G

marmorea; super hanc petram posuerunt mortuum, et super mortuum posuerunt tres cruces, et quando crux Christi posita erat super corpus, statim surrexit ad vitam. Ante hostium istius capelle jacet

4 Petra.

una petra rotunda albi coloris et marmoris mixta cum nigredine cum foramine longitudinis trium digitorum in medio, ubi apparuit Dominus Jhesus Marie Magdalene in die resurrectionis. Inde itur per boreale latus monasterii ad orientem, et ibi est introitus in

5 Carcer.

capellam, que vocatur Carcer Christi, ubi positus fuit Christus dum paraverant crucem, et ibidem est lapis cum duobus foraminibus, in quibus posuerunt pedes ligantes eos cum cathenis ferreis. Non procul inde est hostium capelle ad manum sinistram, in qua est

6 Sortes.

altare, ubi tortores miserunt sortes pro tunica inconsutili. Non procul ab hoc altare ad manum sinistram est descensus per xxix. gradus in capellam sancte Helene matris Constantini imperatoris; sub qua

7 Fossa.

capella est alius descensus per decem gradus ad fossam vel grotam, in cujus fine orientali est locus sub rupe lapideus, ubi fuerunt inventa sancta Crux Christi, corona, clavi, ferrum, lancie, cum crucibus latronum, abscondita per ducentos annos. ✠ Extra istud hostium capelle sancte Helene ad manum sinistram est altare, sub quo stat columpna in longitudine quasi unius ulne, super quam sedebat

8 Coronatus.

Jhesus quando coronatus erat spinis in domo Pilati. Adhuc circumeundo venitur ad finem australem summi altaris, ubi est ascensus per xij. gradus, ubi est capella pulcra cum tribus fenestris in australi

9 Foramen.

parte: ad orientalem finem capelle est foramen rotundum in rupe factum; profunditas ejus est plusquam dimidium ulne, latitudo ejus in summitate est circumquaque unius palme. ✠ Ab eo autem loco

10 Fractura.

versus austrum, quasi spacio quinque pedum, est ruptura illa, de qua dicitur, *Et petre scisse sunt*, in latitudine unius palme cum dimidio; in longitudine quatuor pedum, fines cujus sunt contra orientem et occidentem, et, ut legi, sanguis ex latere ejus exiens lapidem scidit, scilicet illum qui est prope foramen ut estimatur. Item, prope ad quatuor pedes, erant qui stillabant aquam, et, ut dicitur, hoc fecerunt pro morte Christi. Item, cum descenditur de monte Calvarie, itur parum foras contra occidentem. In revertendo ad manum sinistram contra orientem, sub rupe montis Calvarie est locus Golgathe, ubi est capella, in qua deserviunt Gorgiani, in qua ecclesia eciam cernitur ruptura montis Calvarie, id est, summo usque deorsum, et est ibi altare ubi fuit inventum caput Ade. In ista capella sunt duo sepulcra; super primum habetur talis scriptura, *Hic jacet inclitus Godfridus dux de Silion* (sic), *qui totam terram acquisivit cultui Christianorum, cujus anima regnat cum Christo in eternum. Amen.* Super aliud sepulcrum est talis scriptura in versibus : ✠

> Rex Boddewynus Judas alter Machabeus
> Spes patrie vigor ecclesie virtus utriusque
> Quem formidabant cui dona tributa ferebant
> Cedar et Egiptus Dan ac homicida Damascus
> Pro dolor in modico clauditur hic tumulo.

Item transeundo ad sepulcrum Domini jacet ille lapis niger marmoreus, super quem erat unctus et involutus lintheaminibus. Postea revertitur ad manum dexteram ad sanctum sepulcrum Domini, quod est in medio inter chorum et occidentalem finem templi in domuncula quadam, quasi xxviij. pedum in longitudine et vix viij. in latitudine : domus vero sepulcri est quasi quadraginta, excepto pede, et stat in medio duarum domorum que annexe sunt sepulcro, una ad orientalem et alia ad occidentalem. In domo orientali est hostium ligneum insculptum, cujus claves habent Fratres Minores. Ab hostio isto usque ad hostium sepulcri est rotunda domuncula habens quasi octo pedes in latitudine et habens feretrum in altitudine; in ista domuncula ante hostium domunculi sancti Sepulcri, parum ad dexteram, est lapis quidam albus, in longitudine pedis et dimidii et in latitudine unius pedis et fere quarte partis pedis, super quem sedebat angelus, quando dixit mulieribus, *Nolite timere, scio quod Jhesum queritis.* Ibi est introitus sepulcri contra occidentem, et ille introitus est quasi parvum hostium factum ex lapidibus albis marmoreis, sed non habet aliquid ad claudendum, quia lapis ille valde magnus, qui

11 Lapis niger.

12 Sepulcrum.

De situacione sepulcri.

De lapide ante hostium sepulcri.

De hostio sepulcri.

G 2

est super altare ecclesie sancti Salvatoris in monte Syon, erat appositus illi ut ante dicitur.   Introitus iste est in altitudine fere unius
ulne et in latitudine plusquam dimidie ulne.   Parum infra hostium
istud juxta aquilonare latus domuncule est Sepulcrum sanctissimum
Domini nostri Jhesu Christi exscisum de petra alba marmorea

decenter pollitum et ornatum, habens in profunditate tria quarteria
ulne, in latitudine et longitudine spacium quasi octo et trium
pedum.   Fines ejus ab occidente ad orientem jacent; et jacet lapis
pulcher super eum ejusdem materie et coloris cum sepulcro, et conjungitur ei cum semento sic quod non apparitur.   Domuncula
sanctissimi Sepulcri est ejusdem longitudinis fere cum sepulcro, et
latitudo ejus est fere ejusdem cum longitudine; altitudo vero infra
sepulcrum est quasi novem pedum et area ad summitatem ejusdem.
✠ Pinnaculum sancti Sepulcri est rotundum et factum ad modum
columbaris et coopertum plumbo, et habet xv. columnas parvas; et
tectum templi super sepulcrum est discoopertum.   Versus sequentes
sunt scripti super pinnaculum sancti Sepulcri Domini nostri Jhesu
Christi in litteris aureis :

> Vita mori voluit et in hoc tumulo requievit
> Mors quia vita fuit nostram victrix abolevit
> Nam qui confregit inferna sibique subegit
> Ducendo suos cujus dux ipse cohortis
> Atque triumphator tunc surrexit leo fortis
> Tartarus inde gemit et mors lugens spoliatur.

Tercia domuncula est capella cum altare ad occidentalem finem
sepulcri, et introitus in eam ab occidente; Gorgiani vel Georgiti
deserviunt ibi.   In sepulcro Domini, cum sacerdos celebraverit, potest
habere secum tres ad audiendum missam et non plures.   Infra
chorum circa spacium longitudinis quadraginta pedum jacet lapis
quidem parum alcior area, cum foramine in medio, in quo dicitur

Dominum Jhesum assignasse medium mundum esse.   Postea venitur
ad orientem in eodem choro ad summum altare; ibi dicunt Greci
missam.   Item in capella beatissime Marie Virginis in sancto Se-

pulcro ad altare ad meridiem montis Calvarie et in montem Syon celebrant Latini et Fratres Minores per totum annum. Retro sanctum Sepulcrum est capella, in qua deserviunt Indiani. In capella ubi sancta Crux fuit inventa deserviunt Gorgiani.

Peregrinationes Bethleem.

De Jerusalem itur ad Bethleem versus meridiem per quinque miliaria; in primo fuerunt magi hospitati; deinde, quasi in media via, est puteus quidam cum lapide rotundo, ubi tres reges cum fuissent a Jerusalem redeuntes ibidem rehabuerunt stellam, et videntes eam gavisi sunt gaudio magno valde. Ulterius ad manum sinistram est ecclesia sancti Helye prophete, ubi sub umbra genuperi cibatus est ab angelo sub sinericio pane : eciam est ibi locus, in quo idem propheta occultavit se dummodo regina Jesebell persequebatur ipsum. Inde ulterius descendendo secus viam est locus ubi Jacob vidit scalam, summitas cujus celos tangebat : ibi fuerunt edificia, nunc vero sunt dirupta. Ulterius, secus viam ad dexteram manum, est sepulcrum Rachaelis, uxoris Jacob et matris Joseph et Beniamin, bene reparatum ; item ad manum dextram ostenditur locus in quo Helias propheta natus erat. Dimittendo viam que ducit ad Bethleem, et ibi prope Bethleem, est locus ubi beatissima Maria descendit de asino et sedens repansabat, quando venit peregrinans cum marito suo Joseph pro descriptione mundi universi et ad pariendum in Bethleem. Istorum sanctorum locorum sequitur unus versus :

1 Stella. 2 Hely. 3 Latet. 4 Scala. 5 Rachel. 6 Helias natus. 7 Descendit Maria.

.1. .2. .3. .4. .5. .6. .7.
Stel Hely latet Sancta Rachel Hel desc asinoque.

Peregrinaciones infra ecclesiam Bethleem.

Tunc venitur ad civitatem Bethleem, de qua oriundus fuit David rex. In castro hujus civitatis, id est ad angulum inter orientem et aquilonem, est ecclesia beatissime Marie virginis pulcra valde ; ibi morantur Fratres Minores. Tunc peregrini, locis electis ad dormiendum in claustro et rebus depositis ibidem, vadunt ad chorum Fratrum

Minorum qui est ad boriale latus ecclesie, et ibi incipiunt processionem et vadunt in claustrum. Extra latus boriale est descensus contra orientem per xviij. gradus in capellam, que vocatur Scala

1 Jeronimus. ɾ ꜱcti Jeronimi; ibi est locus in muro lapideo, ubi sedebat quando transtulit Bibliam de Hebreo in Latinum: est eciam in eadem domo, ubi solebat dormire et ubi postea sepultus est; sed jam corpus suum translatum est ad ecclesiam beatissime Marie majorem in

2 Sepulcrum. Roma. Item ex altera parte capelle est aliud sepulcrum, ubi erant multa corpora Innocencium interfectorum pro Christo projecta ab Herode. Et eciam tunc vadunt peregrini in ecclesiam ad boriale latus chori, et ibi in angulo ad orientem est altare ubi magi, apertis

3 Thesaurus. thesauris suis, parabant munera ad offerendum Christo. Ibidem prope descendunt subtus chorum per xvj. gradus in capellam quandam xxx. pedum in longitudine et circa decem in latitudine; ad cujus finem orientalem est altare, et subtus illud est locus ubi Dominus noster Jhesus Christus erat natus de beatissima Virgine Maria. Ab hoc altari occidentalius, quasi per spacium decem pedum, est presepe lapideum ubi fuit Jhesus reclinatus a beatissima Virgine matre sua inter bovem et asinum tempore nativitatis sue; ✠ et parum orientalius per spacium quinque pedum est aliud altare; et ista duo altaria cum presepe sunt quasi sub una rupe. In fine occidentali capelle in angulo inter occidentem et aquilonem est foramen parvum habens in profunditate quasi dimidum ulne, in latitudine vero plusquam dimidium pedis, ubi fertur arborem quandam aridam et siccam stetisse; et tempore nativitatis Christi floruit et viridis facta est, et erat unum lignorum crucis Christi. Postea ascenditur contra meridiem quasi per xvj. gradus, et ibi juxta parietem orien

5 Circumscisus Christus. talem est altare ubi Dominus noster Jesus Christus fuit circumscisus octavo die. ✠ Item infra istam ecclesiam est puteus ubi, sicut quidam dicunt, stella que apparuit magis translata fuit in prejacentem materiam unde fuit facta. Ecclesia ista est speciosa valde supra

6 Stella. et subtus, habens in se quatuor ceries (sic) columpnarum marmorearum, et in qualibet cerie sunt decem; ex transverso illarum sunt alie

decem, quarum omnium numerus est quinquaginta. Narratur quod, Narratio.
quodam domino et magno volente spoliare dictam ecclesiam et au_
ferre de lapidibus ejus marmoreis, surrexit quedam horribilis bestia
in forma aspidis vel serpentis, et fecit rupturam magnam in muro
cum cauda sua, que adhuc apparet, et veniens stetit ante predictum dominum horribiliter intuens in eum, qui ex aspectu bestie
territus et nullum malum audens facere ecclesie predicte festinanter
recessit cum omni comitatu suo. Istorum sanctorum locorum predictorum sequitur versus:

.1. .2. .3. .4. .5. .6. .7.
Jero Sepul thesau nati pre cir quoque stella.

Peregrinaciones Sancte extra Bethleem.

Extra sanctam ecclesiam Bethleem ad meridiem per jactum
lapidis est ecclesia sancti Nicholai, ubi angelus apparuit Joseph in
somnis, dicens illi ut fugeret in Egiptum cum puero Jhesu et Maria
matre ejus. A Bethleem ad orientem per duo miliaria in valle est
locus ubi angelus apparuit pastoribus cum multitudine angelorum
annuncians eis Christi nativitatem; et ibi erat monasterium in quo
erant Paula et Eustochius. A Bethleem contra aquilonem per tria 2 Angelus.
miliaria est castrum Thene, de quo oriundus fuit Amos propheta:
ibi eciam multa corpora sanctorum Innocencium fuerunt tumulata: f. 30.
fuit eciam ibi ecclesia, sed nunc est dirupta. Istorum sanctorum
locorum sequitur versus:

.1. .2. .3.
Fugit in Egyptum Joseph patet angelus Amos.

Peregrinaciones in montanis Judee.

Mane facto et missis dictis a Bethleem itur per quatuor milliaria
inter occidentem et aquilonem ad montana Judee; et per viam est
fons, in quo Philippus baptizavit Eunuchum Candacis regine. Postea 1ᵐ fons.
in latere montis aquilonari est ecclesia cum altari in angulo inter
orientem et meridiem, ubi beatissima Virgo Maria salutavit Eliza- 2 Elizabeth.

beth et exultavit Infans in utero ejus; et ibi prophetabat beatissima
Virgo Maria et dixit, *Magnificat anima mea Dominum*, etc. In
pariete ecclesie australi est petra magna, que ad preces Elizabeth
aperuit se, ne interficeretur cum aliis innocentibus a ministris Herodis
regis; inde vero ductus ab angelo in desertum ibi crevit et nutritus
est usque ad tempus predicacionis sue. Tunc ascenditur per scalam
lapideam versus austrum in aream lapideam spaciosam; in latere
cujus aquilonari est capella cum altare ubi circumcisus fuit sanctus
Johannes octava die, et in pariete australi prope finem altaris est
locus parvus quasi pro duobus hominibus ad standum; ibi apertum
est os Zacharie et prophetavit, dicens, *Benedictus Dominus Deus*,
etc. Inde per viam ut revertitur ad Jerusalem quasi per quarterium
miliaris a loco predicto ad dexteram manum est ecclesia quedam, in
qua ponunt Sarazeni animalia; et ad boreale latus ejus est introitus in capellam ad cujus finem orientalem est altare ubi fuit natus
S. Johannes Baptista; ✠ et illa fuit tertia domus Zacharie. Prope
Jherusalem est domus beati Symeonis senis, in quo responsum
accepit a Spiritu Sancto non visurum mortem, et ulterius propinquius in valle ad manum sinistram est monasterium sancte Crucis
in quo deserviunt Gorgiani; retro et subter summum altare est
fovea, in qua crescebat lignum sancte Crucis. Postea vadunt peregrini Jerusalem ad hospitale. Istorum sanctorum locorum iste est
versus sequens:

.1. .2. .3. .4. .5. .6. .7. .8. .9.
Fons el magnificat petra Cir bene nat Symon et crux.

Iste sunt peregrinaciones Jordanis.

Postea itur ad Jerusalem versus Jordanem. Illa via est dura et
aspera, propter calorem, et multitudinem montium, defectum aque,
necnon et aliarum rerum pertinencium ad corporis sustentationem;
propterea consilium est ut quis non vadat pedester per illam viam,
quia sepius moriuntur quamplures in illa, maxime quia non inve-
nitur ibi ad comedendum neque bibendum, antequam reveniatur ad

Marginal notes:

3 Magnificat.

4 Petra.

5 Circum-
cisio.

6 Benedictus.

7. Nativitas.

8 Symeon.

9 Crux.

Jerusalem; ideoque necesse est ut portentur panis et aqua, ova cocta, caseus et alia necessaria et specialiter confortativa. De Jerusalem ad Jordanem sunt bene triginta miliaria: et per viam est locus ubi sanctus Joachim expulsus de templo morabatur cum pastoribus suis, et ibi angelus Domini nunciavit sibi Mariam nascituram. Inde sunt due vie, una ad Montem Quarentenum, et alia ad Jerico, et per utramque viam sunt montes alti. Cum descenditur de montibus ad orientem vadunt quasi per quatuor miliaria contra aquilonem ad montem Quarentene, qui mons est altus et difficilis ad ascendendum, et stat ad orientalem finem aliorum montium, ad latus cujus orientale ascenditur in medium montis versus meridiem. ✠ 1 Quarentena.
Ibi est spelunca in rupe montis, in qua sunt due capelle, una inferior et alia superior: ibi jejunavit Dominus quadraginta diebus et quadraginta noctibus; ibi eciam temptatus fuit a diabolo dicente, *Si filius Dei es dic,* etc. Tunc unus fratrum dicet ibi missam: post missam descendunt peregrini et vadunt ad viridarium arborum prope radicem montis ad orientem. Per medium istius viridarii est rivulus aque velociter currentis versus Jordanem, qui venit de post latus boreale montis Quarenteni a flumine Marath, qui ad preces filiorum Fluvius Marath.
prophetarum per Helyseum sanatus est a sua amaritudine et sterilitate per immistionem salis in ipsum flumen. In predicto viridario per aquam predictam, requiescunt peregrini accipientes confortationem ciborum et potuum; tunc qui possunt et volunt ascendunt montem predictum per viam priorem, et cum venerint ad latus montis aquilonaris vertunt se ad manum sinistram versus meridiem; et sic ascendunt ad verticem montis, ubi diabolus temptavit Domi- 3 Ultus mons.
num dicens, *Hec omnia tibi dabo,* etc.: in quo loco stant tres parietes unius capelle, quasi octo pedum in altitudine et tantum in longitudine, et quondam commorabantur Georgiti, quam religionem ordinavit ibi sanctus Georgius. Istorum sanctorum locorum sequitur unus versus:

.1. .2. .3.
Pastori Joachim mons Quarentena super mon.

H

Peregrinaciones a Quarentena ad Jordanem.

3 Zacheus.

Item de montibus descenditur ad Jerico in domum in qua Zacheus recepit Jhesum; ibi eciam Christus cecum illuminavit: nunc est civitas illa destructa, nisi quod aliqui domus rusticorum stant ibi: ibi dormiunt peregrini per noctem super petras, et distat a Jordane per quinque miliaria. Ulterius in via ad Jordanem fuit monas-

2 Baptiste.

terium S. Johannis Baptiste, et dicitur quod ibi fuit Christus bapti-zatus quia Jordanus venerat illuc; nunc vero retraxit se per

3 Jordanus.

jacturam unius baliste. Postea venitur ad Jordanem; ibi balneantur

De mari
mortuo.

peregrini et est pulcher rivus et profundus et fluens in mare mortuum: sed mare mortuum nullum habet exitum visibilem, et est in longitu-dine bene octoginta miliaria, et distat ab eo loco in quo peregrini balneantur ad duo miliaria. Item non est bonum diu morari in aqua Jordanis, sed balneare se propter indulgentias et cito ascendere. Prope eciam mare mortuum ad alteram partem fuit monasterium sancti Jeronimi in illa vasta solitudine, ubi egit penitentiam suam antequam ivit ad Bethleem, sicut ipse testatur in quadam epistola sua. Istorum iiij^or locorum sequitur unus versus:

.1.   .2.   3.   .4.   .5.
Zacheus Baptist Jordanis Jero monaster.

Item circa istud mare mortuum est statua salis uxoris Loth super montem.

Peregrinaciones Betanie.

: Tumba.

Primo in Betania est castellum antiquum, et in illo castello est sepulcrum formosum sancti Lazari quem Christus suscitavit a mortuis, et fuit ibi monasterium sancte Scolastice Virginis. ✠ Extra castellum est locus, ubi Martha occurrit Christo et cecidit ad pedes ejus super lapidem, dicens, *Domine si fuisses hic, frater meus non fuisset mortuus.* Ibi eciam fuerunt domus Marthe et Marie Mag-

dalene et Symonis leprosi, in quibus domubus Christus sepius hospitabatur. Istorum sanctorum locorum iste est versus:

.1.   .2.   .3.

Lazarus in tumba Martha currente Maria.

Nona materia est de rebus notabilibus in terra Sancta.

Primum notabile est de xiij^{cia} sectis in templo Domini, et sunt isti
Latini, Greci, Armenii, Indii, Jacobite, Gorgiani, Suriani, Georgite,
Maronite, Nestorii, Andiani, Abbacii et Pessini. Item prope Ebron,
que distat a Bethleem undecim miliaria, est mons Mable, et ibi est
arbor quercus, ut legi, quam Zarazeni vocant *Dryp*, et erat in tempore
Abraham, et vocatur arbor sicca; et quidam dicunt, quod erat ab
inicio mundi et quod erat viridis et portabat folia usque ad mortem
Christi, et tunc siccabatur; et quidam dicunt, quod princeps veniet
ab occidente, qui cum adjutorio Christianorum lucrabit terram
Sanctam, et faciet missam dici sub illa arbore, et tunc erit arbor illa
viridis et portabit folia et fructus; et tunc multi Judeorum et Saraze-
norum convertentur ad fidem nostram propter istud miraculum.
Item in Ebron, qui vocatur Carca-thaba a Sarazenis et a Judeis
Arboth, jacent Adam, Abraham, Jacob, Eva, Sara, Rebeckah, et alii.
Ibi Abraham tres vidit, et unum adoravit; ibidem est una cava ubi
Adam et Eva commorabantur post eorum expulsionem a paradiso:
ibi incipit vallis Ebron et durat fere ad Jherusalem. Item in
Jherusalem non est rivulus neque fons, sed est aqua conducta per
conductum ab Ebron ad Jherusalem: et in parte boreali Jherusalem est regnum Sirie. Item est lampas una, ut dicitur, ante sepulcrum Christi, que in parassaue extinguitur per se, et iterum illumi-
natur per se in illa hora in qua Christus resurrexit. Item foramen
crucis est de albo marmore tincta cum stillis rubeis, et in illo foramine erat caput Ade inventum post diluvium in signum quod in
ipso redimeretur; et in lapide illo scribitur, *Hic Deus operatus
est salutem in medio terre:* et similiter scribitur, *Quod vides est*

H 2

fundamentum tocius mundi et hujus fidei. Item ad duo miliaria a Jherusalem est mons gaudii, ubi jacet Samuel propheta : ibi possunt peregrini primo videre civitatem Jherusalem.

Decima materia et ultima est de reliquiis sanctorum in diversis locis per viam a terra sancta.

Item in Jherusalem est templum Domini, et est rotundum, sed ad istud templum non intrant Christiani : in isto erat archa Domini, quam Titus adduxit ad civitatem Rome, et est in ecclesia S. Johannis Latranensis. Item prope ecclesiam Bethleem est ecclesia sancti Nicholai, ubi sancta Maria deposuit lac de mamillis suis super lapides rubeos, et, ut legi, remanent signa lactis super lapidem. Item corpus sancte Anne matris beatissime Marie translatum erat per sanctam Helenam reginam ad Constantinopolim, et est ibidem una de ydriis Cane Galilee, et est similis marmori ; que, ut legi, semper stillet aquam et implet se omni anno semel. Item in Constantinopoli erat lancea et spungia, in qua posuerunt acetum felle mixtum, Christo pendente in cruce. Item hastam lanceæ, quam habuit Longius in manu sua, quando percuciebat Christum in corpore, habuit Imperator Almanie.

Cipria.

In primis viginti milliaria a portu Salinis est crux sancti latronis, que, ut dicitur, pendet in capella sine alicujus alterius adminiculo. Item apud Rodys est una spina corone Christi, que floret per unam horam in perasseue, dum passio Christi legitur : item ibi est brachium sinistrum sancte Katerine virginis et martiris ; et eciam ibi crux de vase, in quo Christus lavit pedes Apostolorum suorum. Item est ibi unus de triginta dinariis, pro quibus Christus erat

Cande.

Casop.

venditus a Juda traditore. Item apud Cande est caput sancti Titi discipuli sancti Pauli. Item apud Casop est lampas coram beatissima Maria, que semel impleta oleo in anno ardet cum illo oleo per totum annum. Item apud Ragos est brachium sancti Blasii. Item apud Jarra in Dalmacia est integrum corpus Simonis Iusti, qui habuit Christum in ulnis suis; item corpus Seyole confessoris; item corpus sancte Anastasie martiris.

In Venetia et prope sunt iste reliquie. In primis est corpus sancte Venecia. Lucie virginis : item femur Sancti Christophori : item corpus sancti Zacharie, patris sancti Johannis Baptiste : item corpus sancte Sabine : item corpus sancti Pancrasii : item corpus sancte Marine : item brachium sinistrum sancti Georgii : item ymago beatissime Marie Virginis facta ex petra quam percussit Moses in deserto et ex ea produxit aquam. Item in ecclesia sancti Marci est ymago Christi Crucifixi percussa a Judeo cum pugione quinquies que sanguiniabat ; et ille sanguis servatur et ostenditur bis in anno, et illis temporibus est ibi plena remissio : item ymago beatissime Marie ex pictura sancti Luce Evangeliste. Item prope Veneciam in devoto monasterio est corpus integrum sanctissime Helene, matris Constantini imperatoris, et filia Coelis, regis Anglie, que fecit plures ecclesias in terra Sancta et invenit Crucem sanctam : item corpus sancti Theodori : item brachium sancti Blasii : item corpus sancti Secundi : item una cista plena ossibus Innocencium Israel : item corpus sancti Nazareni : item corpus Claudii martiris : item caput Stephani Confessoris. Item in alio loco prope Veneciam est brachium dextrum sancte Katerine : item idria una de Cana Galilee : item baculus pastoralis et sandalia sancti Nicholai.

Item apud Padwa jacent Lucas et Matheus, Antonius frater minor, Padua. Antonius peregrinus, sancta Justina et xxviij. sancti infra unam cratem ferream. Item apud Viterbiam corpus sancte Rose virginis integrum. Viterbia. Item apud Assisam jacet corpus sancti Francisci et corpus sancte Clare: item est ibi ymago in cruce qui loquebatur sancto Francisco ut edificaret domum sancte Clare et aliis religiosis in Assisa. Item apud Assisa. montem Alvernie accepit sanctus Franciscus stigmata in manibus Alvernie. pedibus et corde. Item [apud] Spoletum corpus sancte Christine Spoletum. virginis. Item duodecim miliarie ab Ancona et tria miliaria a Reconato est villa que vocatur Loreta, ubi jam est capella sancte Marie ex Loreta. lapidibus, que quondam erat in Terra Sancta edificata per sanctam

Helenam : sed, quia beatissima Maria non erat ibi honorata, ipsa capella erat elevata per angelos, beatissima Maria sedente super eam, et portata a Terra Sancta usque ad Alretum, agricolis et pastoribus

Miraculum de volucribus.

videntibus, angelos portantes eam et reponentes eam in loco, quo jam est ubi beatissima Virgo Maria habetur magno honore. Erat quidam Anglicus ad Terram Sanctam profecturus, ad videndum mirabilia illius terre erat curiosus ; unde quendam Sarazenum conduxit ut sibi mirabilia ostenderet. Inter que hoc unum accidit, quod, cum transiret per quandam silvam pulcherrimam habentem arbores pro-ceras et delectabiles visu, nullam avem audivit cantantem. Respiciens super ramos arborum plures aves mortuas jacentes, alis extensis, ad modum crucis, vidit ; cumque a Sarazeno rei illius quesivisset causam, respondit Sarazenus, Quod per totum annum in ista silva est maxima copia avium et earum cantus suavissimus, sed in Ebdomada, in qua propheta vester, scilicet Christus, passus est, omnes moriuntur. Et erat tunc ebdomada passionis ; et ait Sarazenus, Dominica, inquid, in passione incipiunt mori ; et dominica ad quin-denam, scilicet in die pasche, reviviscunt et cantum suum resumunt, quasi pro morte Christi morientes præ dolore, et pro sua resurrec-tione congaudentes, una cum eo resurgunt et melodiam dulcissimam faciunt. Hec Lincolniensis super Convertimini C. 56 prope finem.

Dicit Epiphanius, quod, dum Senacherib rediret ab Egipto, premisit exercitum ad obsidendam Jerusalem ; qui castrametatus est circa

Miraculum de aqua Syloe.

piscinam Syloe, ut aquis ejus uterentur ; eratque piscina quasi communis, nam et cives ad eam descendere poterant et hostes. Orans autem Ysaias obtinuit a Domino ut, cum egrediebantur cives, erant ibi aque sicut prius ; cum vero accedebant hostes, sicca-bantur aque prorsus ; ita ut mirarentur Assirii, unde essent aque in urbe ; porro in jugem memoriam hujus facti adhuc aque Syloe non jugiter sed in certis horis ebulliunt. Hec in Magistro Historiarum super 4 Reg. 20° capitulo.

De lapide recipiente Christum.

Scribitur Luce 4° cum dixerat Jhesus apud Nazareth, *Nemo propheta acceptus est in patria sua*, repleti sunt omnes ira,

et ejicientes eum extra civitatem duxerunt eum usque ad su-
percilium montis, ut precipitarent eum. Mons iste distat a
Nazareth uno miliari, et vocatur Saltus Domini. Beda super isto
textu dicit, Cum Dominus de manibus eorum elapsus est, ut de vertice
montis descenderet et sub rupe latere vellet, subito ad tactum Dominice vestis saxum illud subter fugit et, ad instar cere solutum,
quandam effecit concavitatem, in qua dictum corpus reciperetur, in
quo loco omnia lineamenta et ruge vestis et vestigia pedum in rupe
apparent adhuc, sicut testantur qui viderunt. Item in via ad Beth- De aqua
leem, ubi stella apparuit tribus regibus Colonie, aqua ebullit de terra, ebulliente
et currit super viam a primis vesperis Epiphanie Domini usque ad
secundas vesperas, et postea cessat, et sic facit omni anno.

[THE NARRATIVE OF WILLIAM WEY.]

In Dei nomine Amen. Anno Domini M.CCCC.^{mo} lviij^o. Ego
Willelmus Wey, sacre theologie baccularius, collegii regalis beatissime Marie Etone juxta Wyndosoram socius perpetuus, rogatus a
devotis viris compilare Itinerarium peregrinacionis mee ad sepulcrum sanctissimum Jhesu Christi Domini nostri, volo in itinerario
meo pandere iter meum per diversa maria, ultra que oportet navigare,
civitates, villas, et patrias, per quas oportet transire, loca eciam sancta
in Terra Sancta, et eciam talia que ibi et domorsum vidi et audivi.

Tria maria.   Inprimis transivi per tria maria : Primum vocatur mare Adriaticum,
et illud mare incipit Venesiis et terminatur apud Corphow : Secundum mare nominatur mare Mediterraneum, et incipit apud Corphow
et finitur apud Cande in Creta : Tercium mare nuncupatur mare
Ezeum, et incipit apud Cande et terminatur apud port Jaff, sive Joppen, in Terra Sancta ; et sunt a Venesia ad portum Jaff per ista
maria duo milia et iij.^{cta} miliaria. Exibam a Venesia et a portu
inter duas turres juxta ecclesiam sancti Nicholai xviij. die mensis
Maii, veniens xx.^o die per fines Parense in terra Hystrie centum
miliaria a Venesia, et xxiiij. die mensis ejusdem veni ad civitatem

Ragosa.   Ragose in Sclavonia prope regnum Hungarie ; ibidem est brachium
sancti Blasii episcopi, et est dives civitas et bene murata, situata
super mare, et est ibi optimum argentum. Ultimo die Maii veni per
fines Duras, et ibi audivi quod Venesiani habent in mari Adriatico
sexdecim galeas subtiles, armatas, ordinatas ad custodiendum civitates, villas et terras quas habent in partibus illis. Audivi eciam quod
in mense predicto occisi erant de Turcis per Ungarios juxta civitatem
Belgard quinquaginta millia Turcorum ; et inde fugiebat Turcus
ad obsidendum civitatem Nigropont que est in Grecia. Veni ulte-

Casope.   rius per Casope, que erat villa destructa per cocodrillum ; ibi est
capella beatissime Marie, ubi est lampas ardens per totum annum,

oleo semel impleto. Et quarto die Junii veniebam per fines Corphow ; Corphw.
deinde per Turkeȝam ; et septimo die Junii veni ad Cande, civitatem Cande.
magnam prope mare est [in] insula Crete, ubi quondam fuit rex,
vocatus Mineo: ibi quondam predicabat sanctus Paulus super montem
excelsum, a quo fugatus erat per Grecos Crete, unde de illis dicitur,
Cretenses semper mendaces, male bestie. Inde veni ad civitatem
Rodys in insula Colose, ubi commorantur milites sancti Johannis Rodys.
Baptiste: ibidem est una spinarum, que erat in capite Christi, et
floret in die Parassaues. Et in xvj. die ejusdem mensis veni ad
portum Baffe in regione Ciprie ; in illa villa erat Paulus incarceratus Baffe.
subtus ecclesiam: ibi peregrini emunt cucumeres ad portandum
vinum in Terram Sanctam. Et xviij. die in die sanctorum martyrum
Marci et Marcelliani veni tempore completorii ad portum Joppen,
sive Jaff.

Et sic fuimus in navigando a Venesia ad portum Jaff per spacium
quatuor septimanarum et iiij.^{or} dierum. Et tunc missi erant duo
viri de galea ad gardianum Fratrum, consulem, et ductores Sarazenos
pro licentia intrandi Terram Sanctam : et xix. die Junii Sarazeni
figebant duo tentoria prope littus maris ante nonam, et post nonam
figebant tentoria sua super montem Jaff prope turrim. Deinde,
licencia adquisita intrandi Terram Sanctam, veni a galea ad Jaff circa
meridiem xxj. die Junii ; ibi exspectavi post numerationem peregrinorum per totam noctem in una cavernarum sub terra ; et erant ibi de
peregrinis duarum galearum clxxxxvij$^{tem.}$ Primo ad introitum Terre Jaffa.
Sancte scilicet a Jaffa confessis et contritis causa peregrinacionis
venientibus est remissio omnium peccatorum. ✠ Notandum quod
ubicunque ponitur crux est ibi plena indulgencia a pena et a culpa ;
ubi non ponitur crux, sunt septem anni et septem quadragene.
Predicte indulgencie concesse fuerunt a sancto Silvestro papa ad
preces magni Constantini imperatoris et sancte Helene matris ejus
omnibus vere penitentibus, confessis et contritis, ad illa loca sancta
causa devocionis et peregrinacionis venientibus, temporibus perpetuis
durature. Erat enim Jaff civitas edificata per Jaffeth, filium Noe,
cum bono portu murato ; sed nunc est destructa, exceptis tribus

I

cavernis, in quibus ponuntur peregrini ut inde numerentur a Sarazenis. Est eciam turris parva super montem Jaffa per quam a
nautis cognoscitur portus et patria. Illa terra fuit quondam Philistinorum, sed nunc vocatur Surray, sicut tota Terra Sancta. In

Jaffa est locus, ubi beatus Petrus apostolus Tabitam apostolorum
discipulam resuscitavit a mortuis; ibi eciam est portus, ad quam
descendit Jonas propheta ut fugeret a Tarsis a facie Domini; item
per unum miliare a Jaffa, jam infra mare, est petra magna ubi

Sanctus Petrus stabat olim ad piscandum. Et mane xxij. die Junii
nos peregrini accipiebamus asinos ad equitandum Rame, que distat
a Jaff decem miliaria Wallica, et ibi exspectavimus per residuum
illius diei: et notandum quod est opportunum venire cum primis
ad locum ad eligendum cameram et ad habendum aquam friscam:
item erit oportunum emere a custode hospitalitatis storiam ad

ponendum inter nos et terram ad super eam dormiendum, quia non
sunt ibi lectisternia. Dormito in hospitali predicto prima nocte mane
xxiij. die Junii venit gardianus Fratrum ante diem, et facit dici unam
missam; sed, antequam incipiatur missa, querit gardianus a peregrinis
si habeant omnes licentiam a domino papa veniendi ad Terram
Sanctam; non habentibus licenciam culpat propter disobedienciam
ecclesie Catholice, attamen dicit se habere auctoritatem absolvendi
eos; et movet eos confiteri, et ut habeant veram caritatem per
quam indulgencie Sancte Terre adipisci possunt. Missa finita,
vadunt peregrini, pedestres qui volunt et equitant qui volunt, per

duo miliaria ad villam que dicitur Lyddia, quondam vero Diaspolis
nomine: fuit olim magna civitas, sed modo est fere destructa, et
est in terra Philistinorum. Ibi faciunt peregrini oblaciones ad
sanctum Georgium in ecclesia Grecorum, que olim erat magna
et decens, sed jam pro majori parte destruitur; ibi erat sanctus

Georgius marterizatus; ibi eciam est locus ubi sanctus Petrus
sanavit Eneam paraliticum. Deinde veniunt peregrini ad Ramam,
et manent in hospicio illo die et nocte; et die xxiiij., scilicet die

sancti Johannis Baptiste, equitabamus a Rama versus Iherusalem.
Et in eadem aurora veniebant contra nos in gravi multitudine

Sarazeni equitantes, quasi parati ad bellum, cum tubis et vexillo in quo depictus erat calix cum hostia in despectum Christianorum ; quia unus regum Francie captus in bello posuit Soldano pro vadio sacramentum, quod nunquam voluit postea redimere. Sic equitantes venimus ad Novam Portam xij. miliaria a Ramis : ibi requievimus Nova Porta. et manducavimus de hiis que nobiscum portamus, et aquam habemus de magna cisterna. A Porta illa Nova ad Jerusalem sunt·duodecim miliaria, et est via aspera et petrosa et montosa, et ideo bonum est habere in cucumere aquam vino mixtam ad bibendum per viam ; sed antequam venitur ad Jerusalem, in via per distanciam septem miliarium juxta viam a dextris, in montibus, erat ecclesia que olim Castellum Emaus vocabatur, ubi duo discipuli cognoverunt Dominum Emaus. in fractione panis. Item in plano prope montes fuit civitas Betulie, 1ᵘˢ locus. unde fuit sancta Judith que decollavit Holofernem, et ibi prope Betulia. est locus, ubi ipsa decollavit illum. Item ascendendo versus Jerusalem fuit villa Amatoth, de qua oriundus fuit sanctus Jeremias Amatoth. propheta. Postea in monte est locus Sylo, in quo fuit Hely pontifex Sylo. et Samuel puer qui ministrabat ibi coram Domino. Ibi prope est sepulcrum Cleophe : item sepulcrum Samuelis prophete. Ibi prope fuit civitas Aramathe, de qua Joseph fuit nobilis qui petiit corpus Jhesu. De Sylo ad Jerusalem sunt quinque miliaria, in quam intravimus die sancti Johannis Baptiste, et in introitu nostro pueri projiciebant contra nos lapides ; et sic intrantes civitatem venimus Jerusalem. ad quadratum ante templum Christianorum, ibi osculantes lapidem plenum crucibus, super quem Dominus requies cebat cum cruce ; et tunc intravimus hospicium ad cenam, et ibi jacuimus tota nocte super terram. Mane xxvᵗᵒ. die Junii veniunt Fratres de monte Syon 5ᵘ dies. ante solis ortum ad duas horas, et vadunt cum peregrinis ad illa loca sancta, que peregrini magis sunt soliciti visitare. Per viam ad Jerusalem sunt sex loca, Emaus, Bethulia ubi decollavit Holofernem, Sylo ubi Hely erat pontifex, et sepulcrum Samuelis et sepulcrum Cleophe, et Aramatha, ut supra dicta sunt.

I 2

Staciones.
Peregrinaciones ad loca Stacionum.

In primis vadunt ad templum Sancti Sepulcri, ante quod est locus quadratus in spacio quasi jactus unius lapidis, et est bene pavatus;

Primus lapis. in cujus medio pavimenti jacet lapis quadratus albi marmoris, signatus cum multis crucibus, quasi unius pedis et dimidii in longitudine, super quem Christus requievit fessus portando crucem in humeris suis de domo Pilati versus montem Calvarie. Circa illum placitum primo sub una scala, per quam ascendebatur ad montem Calvarie, est una capella sancte Marie et sancti Johannis evangeliste; in illo loco steterunt in crucifixione Christi; Indiani serviunt ibi. Prope illam est capella sancti Michaelis et omnium angelorum; Jacobite deserviunt ibi. Prope illam est capella sancti Johannis Baptiste; Armeni deserviunt ibi: et iste tres capelle sunt ad orientalem partem loci quadrati antedicti. Ex parte occidentali est capella magna et pulcra sancte Marie Magdalene; Nestoriani deserviunt ibi. Quondam fuit in Constantinopoli quidam magnus doctor nomine Nestorianus, et ab illo surrexit ille falsus traditor Machometus: isti Nestoriani manent adhuc in secta sua et dicunt se fore Christianos, sed magis sunt heretici et scismatici. Isti habent consuetudinem quod faciunt radi totum caput preterquam in summitate capitis, ibi dimittunt capillum longum stare secundum rituum suum; sed Machometi faciunt radi totum caput ad modum corone, et ipsi permittunt capillum longum pendere circa aures, et omnes sunt barbati. Non tunc dabitur licentia intrandi templum Sancti Sepulcri; sed Fratres ducunt peregrinos ad alia loca sancta.

Peregrinaciones ad loca Stacionum sunt iste.

2ᵘˢ Strata. In transeundo a loco Sancti Sepulcri primo ad orientem est strata quedam, per quam Christus ascendebat cum cruce ut pateretur, et per
3ᵘˢ Domus Divitis.
4ᵗᵘˢ Trivium. eandem brevem viam venitur ad domum divitis qui negavit micas Lazaro. Parum abhinc venitur ad trivium, ubi angariaverunt Symonem Syreneum Judei ut tolleret crucem Jhesu: inibi est locus ubi

Jhesus dixit mulieribus, *Filie Jerusalem, nolite flere super me*, etc.   5^{tæ} Fletus mulierum.

Ibi eciam ad dextrum latus est locus, ubi Jhesus impressit sudario   6 Sudarium.
faciem suam et dedit Veronice ; item, non remote abhinc, est locus
in quo beata virgo Maria sincopizavit quia videbat Filium suum   7 Sinco-pizavit.
venientem cum cruce ; ibi fuit ecclesia que appellabatur a Christianis
sancta Maria de Spata, sed nunc est destructa. Ulterius est locus porte   8^{tæ} Porta.
antique civitatis, per quam Christus fuit ductus ad mortem.   Item,
non longe abhinc, est probatica piscina ubi angelus semel aquam   9^ɑ Piscina.
movebat in die ; ibi prope in arcu testitudinis cujusdam, qui fabri-
catus est supra plateam ex transverso ab uno latere ad alterum latus
videntur duo lapides albi coloris, super quos Christus stetit quando   10 Duo lapides
judicatus erat ad mortem ; tunc prope est scola beate Marie, in qua   11^ɑ Scola beate Marie
didicit litteras et scripturas.   Item per illam portam ex alia parte
vie est domus Pilati, in qua Christus fuit flagellatus, coronatus, et ad   12ta Domus Pilati.
mortem judicatus.   ✠   Ulterius in eadem platea est domus Herodis,   13 Domus Herodis.
in qua fuit Christus illusus et veste alba indutus ab Herode.   Item
ulterius versus Aquilonem est alia platea, ubi est domus Symonis   14 Domus Symonis.
Pharisey, in qua dimissa fuerunt multa peccata Marie Magdalene.   15 Domus Nativitatis Marie.
Prope probaticam piscinam est domus sancte Anne, in qua nata fuit
beata virgo Maria ✠   que domus fuit monasterium sancte Scholastice virginis, nunc vero est hospitale Sarazenorum. Postea ad
meridiem ex opposito est templum Domini, in quo Christus multa   16 Templum Domini.
miracula gessit, et in quo beata virgo Maria fuit presentata et
desponsata Joseph. Christus eciam erat ibi presentatus in die Purificacionis, et alio tempore inter doctores inventus. ✠ Circa illud
templum ad meridiem est porta, per quam virgo Maria intravit cum   17 Porta.
puero Jhesu, quando presentavit eum in eodem templo ; de pinna   18 Pinna.
hujus templi precipitatus fuit sanctus Jacobus minor.   Item circa
hoc templum est sepulcrum sancti Symyonis justi, sed corpus ejus   19 Sepulcrum.
nunc est apud Jarram in Dalmacia.   Item non remote inde est
templum Salamonis, in quo Christus predicavit in die palmarum.   20 Salamonis templum.
Item prope hoc est porta aurea, per quam Jesus intravit in die   21 Porta aurea.
palmarum sedens super asinum, et per eandem portam intravit

Eraciius. In ipsa eciam porta obviaverunt sibi Joachim et Anna,
quia nunciatum erat eis Mariam nascituram. Item prope domum
sancte Anne est porta quedam versus orientem, per quam eductus
fuit sanctus Stephanus ad lapidandum.

*22 Porta
Stephani.*

*Stephani
lapis.*

Peregrinaciones vallis Josaphat.

Descendendo ad vallam Josaphat in via est locus petrosus ad
sinistram manum ubi lapidaverunt Judei Stephanum. Item in
medio vallis Josaphat est torrens Cedron, qui causatur ex magni-
tudine pluvii descendentis de montibus Oliveti, et   (*sic.*) et dicitur
quod lignum sancte Crucis jacebat super torrentem per longa
tempora ad modum pontis, sed, quando regina Saba veniebat in
Jerusalem ad Salamonem, noluit ambulare super eum, quia scivit
in spiritu virtutem esse futuram. In valle Josaphat ad dexteram
est magna capella beate Marie virginis, in cujus fine orientali infra
subtilem capellam est ejus sepulcrum cum lapidibus albi marmoris
formose ornatum. ✠ Ista capella habet unum hostium, scilicet ad
austrum; descensus ab isto hostio ad aream capelle stat in xlviii°
gradibus. Ante angulum capelle inter ad orientem et ad austrum est
caverna magna lapidea, in qua Christus oravit ter ad Patrem in
nocte cene, et factus est sudor ejus sicut gutte sanguinis decurrentis
in terram.

*2ᵈᵘˢ Torrens
Cedron.*

*3 Sepulcrum
Marie.*

4 Caverna.

Peregrinaciones montis Oliveti.

Ad meridiem per jacturam unius lapidis ab oratorio sive caverna
est ortus et locus ubi Judas osculo Christum tradidit; et in quo
Christus erat captus et ligatus. Item non longe inde est locus ubi
Petrus amputavit auriculam servi principis cui nomen Malcus.
Extra ortum montem ascendendo est locus, in quo Christus dimisit
Petrum, Jacobum et Johannem dicens, *Vigilate et orate*, etc. Item
modicum inde montem ascendendo est locus, in quo dormierunt

*1 Locus tra-
dicionis.*

2 Auricula.

3 Johannes.

4Dormierunt.

discipuli dummodo Christus oravit. Item ibi prope est locus, ubi
beatissima Maria dedit cingulum suum beato Thome apostolo, 5 Cingulus.
quando assumpta erat in celum. Ascendendo montem est via
stricta et longa, et juxta viam est locus, ubi Christus videns civi-
atem Jherusalem flevit super eam dicens, *Si cognovisses et tu*, etc. 6 Flevit.
Postea magis ascendendo montem est locus, in quo angelus presentavit beate Marie palmam, annuncians ei diem exitus et assump- 7 Palma.
tionis sue in celum. Item super montem ad sinistram manum est
locus, ubi quondam fuit villa Galilee; inibi Christus in die resurrec- 8 Galilee.
tionis sue apparuit duodecim discipulis, quibus dixit, *Precedam vos
in Galileam.* Inde parum est alius locus ubi habentur omnes indul- 9 Indul-
gencieique sunt in illis locis, ad que peregrini non possunt intrare; gencie.
videlicet, ad domum Pilati, ad templum Domini, ad templum
Salamonis, ad domum in qua beatissima virgo Maria fuit nata, et
ad portam auream: ad nullum illorum locorum possunt peregrini
habere ingressum. ✚ Eciam in eodem monte cernitur civitas
Jherusalem in toto et porta aurea predicta. Abhinc itur super
montem Oliveti ad meridiem, ubi est ecclesia in cujus medio jacet
quidam lapis, in quo est vestigium Christi pedis ascendentis in 10 Ascen-
celum: et viri illius oppidi cum Christi discipulis stabant aspici- sionis.
entes in celum, quibus duo viri juxta illos in vestibus albis vestiti
dixerunt, *Viri Galilei, quid admiramini*, etc. Et in lapide predicto,
qui est albi marmoris, remanet vestigium dextre pedis Christi.
Item extra ecclesiam ad manum sinistram est alia capella, in qua
sancta Pellagia egit penitenciam pro peccatis suis. Item locus qui 11 Pelagia.
dicitur Bethfage, ad quem misit Christus duos discipulos dicens eis, 12 Bethfage.
Ite in castellum quod contra vos est, etc. Item prope montem
descendendo fuit capella quedam sancti Marci Evangeliste, ubi
apostoli composuerunt *Credo;* prope illam est locus in cujus muro 13 Credo.
est magnus lapis super quem Christus docebat apostolos orationem
Dominicam *Pater noster.* Item ibi prope est lapis quidam in 14 Pater
medio vie, ubi Christus docuit octo Beatitudines, scilicet, *Beati* Noster.
Spiritu, etc. Item ulterius a monte descendendo est locus, in quo 15 Octo Beatitudines.

16 Maria
requiescebat.

beata Virgo Maria requiescebat fatigata quando visitabat ista loca sancta.

Item alie peregrinaciones in valle Josaphat.

Item ulterius a monte descendendo ad manum sinistram stat adhuc pars illius arboris, in qua Judas se suspendit.   Item

17 Caverna
Jacob.

descendendo ad vallem Josaphat est sepulcrum Absolonis, filii David regis.   Prope ibi est locus ubi Christus in die Resurrectionis apparuit Jacobo minori et apposuit panem dicens, *Surge mi frater et comede :* fuit eciam in eodem loco sepultus Zacharias, filius Barachie, qui occisus erat inter templum et altare.   Circa illum

18 Latibula
Apostolorum.

locum sunt latibula apostolorum, ubi se absconderunt tempore passionis Christi.

Peregrinaciones vallis Syloe.

Ex alia parte pontis Syloe, que dividit vallem Josaphat et vallem

1 Fons.

Syloe, est descensus in foramen quodam valle obscurum, ubi in fundo est fons cum optima aqua, in quo fonte beatissima Maria lavabat vestimenta filii sui Jhesu, quando presentaret eum in templo.

2 Natatorium.

Inde ulterius procedendo ad dextram manum est natatorium Syloe, in quo cecus a nativitate lavit oculos suos et visum recepit.   Item ante illud natatorium prope viam est locus, in quo Judei Issayam

3 Secaverunt.

prophetam secaverunt cum sarra lignea per medium, et ibi prope est sepulcrum ejus.   Ulterius inde procedendo ascenditur per manum

4 Achelde-
mach.

dextram ad campum sanctum Acheldemach emptum precio sanguinis Christi in sepulturam peregrinorum, nunc vero vocatus Armenorum. Ager ille est quadratus, et habet in latitudine spacium jactus unius lapidis, et est subcavatus cum novem foraminibus ad imponendum corpora defunctorum. Item circa illum locum sunt

5 Latibula.

multa latibula, in quibus, quum terra erat in manibus Christianorum, multi Christiani solitarii faciebant penitencias suas. Item ibi superius parum est prope domus mali consilii; sic vocata quia ibi congregati principes sacerdotum cum ceteris consilium fecerunt ut Jhesum morti traderent, et illuc accessit Judas ad tradendum Christum. Ibi olim fuit monasterium sancti Cipriani. Istis peragratis venimus ad montem sanctum Syon, audientes missam, et post missam dictam manducamus cum fratribus. Post refectionem transimus ad loca sancta montis Syon.

Peregrinaciones montis Syon.

In monte Syon est locus ubi Judei rapere voluerunt corpus Beatissime Virginis, quando ab apostolis portabatur ad sepulcrum: Item locus ubi sanctus Petrus flevit amare quia negabat Christum: Item ecclesia sancti Angeli. Ipsa est domus Anne pontificis, ubi fuit Christus examinatus et alapis cesus; postea erat monasterium Armenorum. Item in monte Syon est monasterium pulcrum Ordinis Minorum, et est ascensus in ecclesiam per viij^to gradus. In illa eadem ecclesia ad summum altare cenavit Dominus Jhesus cum discipulis suis, et ibidem confestum fecit Sacramentum. ✠ Circa hoc altare per manum dexteram est altare ubi Christus lavit pedes discipulorum suorum. Foras ecclesiam, ad meridiem, est locus quadratus in altitudine a terra cum area ecclesie; per illum itur ad cenaculum quod est pone summum altare: ibi fuit capella cum uno altari, et ibidem recipiebant apostoli et alii Spiritum Sanctum in die Pentecostes. Postea descenditur in claustrum, in cujus angulo est parva capella sancti Thome apostoli, in qua Christus se prebuit palpabilem beato Thome, et in quam intravit Jhesus, januis clausis. ✠ Infra in Sacrista est quedam pars columpne flagellacionis Christi in muro secrete inclusa. Item juxta occidentale latus ecclesie est locus in quo beata Maria solebat orare. Item ad latus boreale ejusdem ecclesie est lapis ubi beatissima virgo Maria sedebat quando predicabat. Item in pariete ecclesie ex parte septentrionali est sepulcrum David et aliorum regum, et vocabatur

6 Domus mali consilii.

1 Rapere.
2 Flevit.
3 Domus Anne.

4 Cenavit Christus.

5 Lavit pedes.

6 Locus Spiritus Sancti.

7 Januis clausis.
8 Columpna.
9 Ubi Maria orabat.
10 Sedebat Maria.
11 Ubi Christus predicabat.
12 Sepulcrum regum.

K

David regis capella. Item extra orientalem finem capelle est locus

13 Agnus paschalis.
14 Aqua parabatur.
ubi agnus paschalis parabatur pro cena Domini, et eciam aqua erat ibi calefacta pro pedibus apostolorum abluendis. Tunc procedendo ibi borealius per parvum jactum lapidis est locus, ubi sanctus Ste-

15 Sepulcrum Stephani.
phanus, Nicodemus, Gamaliel, et Abibon secunda vice erant sepulti. Postea ad occidentalem per jactum lapidis est lapis, ubi sanctus

16 Dicebat missam.
Johannes evangelista dicebat missam per multos annos ante beatis- simam Virginam post ascensionem Domini. Ibi prope australius

17 Morabatur Maria.
est locus, ubi beatissima virgo Maria commorabatur per xvi. annos, et in quo loco migrabat ex hoc seculo. ✠ Parum inde inter orientem et austrum est lapis rubeus lapidibus circumdatus, ubi

18 Electio Mathie.
19 Cayphe domus.
beatus Mathias erat electus in apostolum in die Pentecostes loco Jude proditoris. Hec omnia loca montis Syon prescripta fuerunt infra ecclesiam magnam, que vocabatur Sancta Maria de Scala ad celos. Item per unum jactum lapidis inde contra boream est ecclesia Salvatoris : ibi deserviunt Armeni. Super magnum altare

20 Lapis montis.
istius ecclesie jacet lapis ille, qui erat advolutus ad hostium monu- menti Jhesu Christi, et est valde magnus : in longitudine vero est duorum brachiorum et plus, et est in spissitudine unius pedis et dimidii, et est marmoris albi. Juxta australem finem altaris est

21 Carcer Christi.
carcer in pariete, in quo Christus ligatus erat ad columpnam per totam noctem. Ista ecclesia fuit domus Cayphe pontificis, in qua Christus fuit contemptus, examinatus, sputo fedatus, velatus, in capite percussus, a Petro ter denegatus, et in predicto carcere inclusus usque mane Parasceues quousque mitteretur ad Pilatum. Hostium ecclesie est in occidentali fine, prope quod ad dexteram quando introitur in foramine parietis, altius quam homo est, jacet

22 Gallus stetit.
lapis ille, super quem stetit gallus quando cantavit, antequam negavit Petrus Christum. Ibidem extra hostium est arbor ubi

23 Petrus negavit.
Petrus stetit quando negavit Christum in domo Cayphe. Postea transeundo a Monte Syon versus Jerusalem, in dextra parte vie, est

24 Jacobus decollatus.
ecclesia Armenorum, in cujus latere orientali est parva capella, ubi erat decollatus sanctus Jacobus apostolus, frater sancti Johannis

evangeliste ab Herode. Deinde procedendo contra aquilonem ad Jerusalem, quasi per duos jactus lapidis, est magnus lapis ad dexteram manum vie juxta unum parietem, et circa eum lapidem in pariete sunt cruces multe que osculantur a peregrinis. Ibi apparuit Christus tribus Mariis revertentibus a monumento in die resurrectionis, dicens, *Avete.* Ibi ex opposito ad occidentem, quasi per jactum lapidis, est castrum David circumfossatum. Modicum a castello David est locus ubi beatissima virgo Maria solebat sedere et respicere ad montem Calvarie. Hiis omnibus lustratis venitur ad Jerusalem, et manent ibi peregrini in hospitali usque ad vesperas sub custodia Sarazenorum; et post tempus vesperarum veniunt fratres de monte Syon ad illos, et ducunt eos ad templum Sancti Sepulcri, in quorum adventu congregantur majores Sarazenorum de Jerusalem, et computant peregrinos et scribunt eorum nomina; et sic includunt eos usque mane; et cum fuerimus in templo intrabimus simul cum candelis illuminatis in capellam gloriosissime virginis Marie, et incipimus processionem ad loca ista sancta subscripta.

25 Avete.

26 Respiciebat Calvariam.

Peregrinaciones et loca Sancta in Templo sancti Sepulcri.

Capella beatissime Marie Virginis est ad aquilonem, in qua creditur Christus apparuisse post suam resurrectionem Matri sue beatissime in die Pasche. In eadem capella est pars columpne ad quam Christus fuit ligatus, quando fuit flagellatus in domo Pilati, et statur dextera parte capelle infra cratem ligneam. Item in eadem capella est altare ubi Sancta Crux diu reservata fuit, et adhuc habetur inibi parva pars crucis Domini Nostri Jhesu Christi. In medio istius capelle jacet petra quedam rotunda marmorea; super hanc petram posuerunt mortuum et super illum ponebantur tres cruces, sed quando Crux Christi posita erat super corpus defuncte statim surrexit que prius mortua erat. Ante hostium istius capelle jacet una petra rotunda albi marmoris mixta cum nigredine, cum

1 Capella beate Marie.

2 Pars columne.

3 Petra.

4 Petra cum foramine.

K 2

foramine longitudinis trium digitorum in medio, ubi apparuit
Dominus beate Marie Magdalene in die resurrectionis in specie
Ortolani, faciens illud foramen in lapide predicto cum vanga, que
erat in manu sua, et dicebat Marie *Noli me tangere.* Inde itur per
boreale latus ecclesie ad orientem, et est ibi introitus in capellam
que vocatur Carcer Christi, ubi positus fuit Christus cum paraverant
Crucem; et ibidem est lapis cum duobus foraminibus in quibus
posuerunt pedes Christi.   Non procul inde est hostium capelle ad
manum sinistram, in qua est altare ubi tortores miserunt sortes pro
tunica Christi inconsutili.   Non procul ab hoc altari ad manum
sinistram est descensus per xxix. gradus in capellam sancte Helene,
matris Constantini imperatoris, in qua capella est alius descensus
per decem gradus ad fossam vel grotam, in cujus fine orientali est
locus sub rupe lapidea, ubi fuerunt inventa sancta Crux Christi,
corona, clavi, ferrum, lanceæ, cum crucibus latronum abscondita. ✠
Extra illud hostium capelle Helene ad manum sinistram est altare,
sub quo stat columpna, in longitudine quasi unius ulne, super quam
sedebat Jhesus quando coronatus erat spinis in domo Pilati. Adhuc
circumeundo venitur ad finem australem summi altaris.   Ibi est
ascensus per duodecim gradus, ubi est capella pulcra cum tribus
fenestris in australi parte.   Ad orientalem finem capelle est foramen
rotundum in rupe factum : profunditas ejus est plusquam dimidium
ulne, latitudo ejus in summitate est circumquaque unius palme. ✠
Ab eo autem loco usque austrum, quasi spacio quinque pedum, est
ruptura illa, de qua dicitur *Et petre scisse sunt,* in latitudinem
unius palme cum dimidio, in longitudine quatuor pedum; fines
ejus sunt contra orientem et occidentem.   Item cum de monte
Calvarie itur, parum foras contra occidentem, in revertendo ad
manum sinistram contra orientem, sub rupe montis Calvarie est
locus Golgathe, ubi est capella in qua deserviunt Gorgiani, in qua
eciam cernitur ruptura montis Calvarie a summo usque deorsum, et
est ibi altare ubi fuit inventum caput Ade.   In ista capella sunt
duo sepulcra; super primum habetur talis scriptura, Hic jacet

5 Carcer
Christi.
Nota lapidem
primum.

6 Miserunt
sortes.

7 Inventio
crucis.

8 Columna
coronationis.

9 Foramen
crucis.
10 Ruptura
lapidis.

Godfridus, dux de Bilion, qui totam istam terram adquisivit cultui Christianorum, cujus anima regnat cum Christo, Amen. Super aliud sepulcrum est talis scriptura:

Rex Baldawynus Judas, alter Machabeus,
Spes patrie, vigor ecclesie, virtus utriusque,
Quem formidabant cui dona tributa ferebant
Cedar et Egiptus, Dan ac homicida Damascus:
Pro dolor, in modico clauditur hic tumulo.

(marginal note: Versus Golgatha super tumbam.)

Item in transeundo ad sepulcrum Domini jacet quidam lapis niger et marmoreus; super ipsum positum fuit corpus Jhesu Christi quando deposuerunt eum de cruce, ut condirent eum aromatibus et involverunt eum lintheaminibus ad eum sepeliendum. ✠ Postea revertitur ad manum dexteram ad Sanctum Sepulcrum Domini, quod est in medio inter chorum et occidentalem finem templi in domuncula quadam, quasi xxviii. pedum in longitudine et vix viij. in latitudine. Domus vero Sancti Sepulcri est quasi quadra, excepto medio pedis, et stat in medio duarum domorum que annexe sunt sepulcro, una ad orientalem et alia ad occidentalem: in domo orientali est hostium ligneum cujus claves habent Fratres Minores. Ab hostio illo usque ad hostium sepulcri est rotunda domuncula, habens quasi viij^{to} pedes in latitudine et fere tantum in altitudine; ista domuncula ante hostium domunculi Sancti Sepulcri parum ad dexteram est lapis quidam albus, in longitudine pedis et dimidii et in latitudine unius pedis et fere quarte partis pedis, super quem sedebat Angelus quando dixit mulieribus *Nolite timere*, etc. Ibi est introitus Sancti Sepulcri contra occidentem, et ille introitus est quasi primum hostium factum ex lapidibus albi marmoris, sed non habet aliquid ad claudendum, quia lapis ille est super altare ecclesie Sancti Salvatoris in monte Syon, et ille lapis appositus erat ad hostium Sancti Sepulcri. Introitus iste est in altitudine unius ulne, exceptis tribus pollicibus; in latitudine vero dimidie ulne et parum plus. Infra hostium istud, juxta aquilonare latus domuncule, est sepulcrum

(marginal notes: 11 Lapis niger. — 12 Sepulcrum Christi. — Lapis super quem sedebat Angelus.)

Domini excisum de petra alba marmorea decenter polita et ornata, habens in profunditate quasi tria quarteria ulne, in longitudine vero et latitudine spacium quasi viij° et trium pedum, fines ejus recte ab occidente ad orientem jacent; et jacet lapis pulcher super eum ejusdem materie et coloris cum sepulcro, et conjungitur ei cum semento sic quod non aperitur. Domuncula Sancti Sepulcri est ejusdem longitudinis fere cum sepulcro, et latitudo ejus est fere eadem cum longitudine; altitudo vero infra sepulcrum est quasi novem pedum ab area ad summitatem ejusdem. Pinnaculum Sancti Sepulcri est rotundum et factum ad modum columbaris, et coopertum plumbo, et tectum templi super sepulcrum est discoopertum. Versus sequentes sunt scripti super pinnaculum Sancti Sepulcri Domini nostri Jhesu Christi, et litteris aureis, et sunt hii;

Vita mori voluit et in hoc tumulo requievit
Mors quia vita fuit nostram victrix abolevit
Nam qui confregit inferna sibique subegit
Ducendo suos cujus dux ipse cohortis
Atque triumphator hinc surrexit leo fortis
Tartarus in... e gemit et mors lugens spoliatur.

Tercia domuncula est capella cum altari ad occidentalem finem sepulcri et introitus in eam ab occidente; Gorgiani deserviunt ibi. In sepulcro Domini cum sacerdos celebraverit potest habere secum tres audiendum missam et non plures. In sancto isto sepulcro erant xiiij^cim milites creati anno predicto. Infra chorum circa spacium longitudinis xl pedum jacet lapis quedam parum alcior area, cum foramine in medio, ubi dicitur Dominum Jhesum assignasse medium mundi esse. Postea venitur ad orientem in eodem choro ad summum altare; ibi dicunt Greci missam. Item in capella beatissime Marie Virginis in Sancto Sepulcro ad altare ad meridiem montis Calvarie et in monte Syon celebrant Latini et Fratres Minores missam per totum annum. Retro Sanctum Sepulcrum est capella in qua deserviunt Jacobite. Ad dexteram manum est

13 Medium mundi.

capella, in qua deserviunt Indiani. In capella, ubi sancta crux fuit inventa, deserviunt Gorgiani. Istis omnibus visis et peragratis in Sancti Sepulcri templo cenamus, et post cenam jacemus super terram ad dormiendum, et circa mediam noctem surgimus ad dicendum matutinas, ad confessiones audiendas, ad missas dicendas, et ad communicandum peregrinos. In ista eadem nocte dominus Johannes Tupthoff, comes Wyngorie in Anglia, cum sua familia stabat ad cantandum missam de sancta cruce in monte Calvarie cum cantu organico. Ista missa et aliis finitis exivimus a sancto templo in aurora ad hospicium nostrum, in domo consulis ibi manducantes, et post refectionem circa horam terciam post nonam accipimus asinos ad equitandum versus Bethleem. Et hec est dies xxvj^ia Julii.

Peregrinaciones in via ad Bethleem.

De Jerusalem itur ad Bethlem versus meridiem per quinque miliaria; ibi primo fuerunt magi hospitati. Deinde quasi in media via est puteus quidem cum lapide rotundo, ubi tres reges videntes stellam gavisi sunt gaudio magno valde; et dixerunt ad invicem, *Hoc signum magni regis est; eamus et offeramus ei munera, aurum, thus, et mirram.* Ulterius ad manum sinistram est ecclesia sancti Helie prophete, ubi sanctus Helias sub umbra jenuperi cibatus est ab angelo sub cinericio pane; eciam est ibi locus in quo idem propheta occultavit se, dummodo regina Gezabel persequebatur ipsum. Inde ulterius descendendo secus viam est locus ubi Jacob vidit scalam; summitas ejus celos tangebat; ibi fuerunt edificia, nunc vero sunt dirupta. Ulterius secus viam ad dexteram manum est sepulcrum Rachaelis, uxoris Jacob et matris Joseph et Beniamin, bene reparatum. Item ad manum dexteram ostenditur locus, in quo Helias propheta natus erat. Dimittendo viam que ducit ad Hebron est parva via ad manum sinistram, que ducit ad Bethleem, et ibi prope Bethleem est locus ubi beatissima virgo Maria descendit

6ta dies.

1 Ubi stella apparuit regibus.

2 Ecclesia S. Helye.

3 Ubi Helias latuit.
4 Jacob vidit scalam.

5 Sepulcrum Rachaelis.
6 Helias natus.

7 Descendebat de asino.

de asino et sedens repansabat, quando venit peregrinans cum marito suo Joseph pro descripcione mundi universi et ad pariendum in Bethleem. Tunc venitur ad civitatem Bethleem, de qua oriundus fuit David Rex. In castro hujus civitatis, id est, ad angulum inter orientem et aquilonem, est ecclesia beatissime Marie virginis devota et pulcra valde; ibi commorantur Fratres Minores. Ibi peregrini, locis ad dormiendum electis in claustro et rebus depositis ibidem, vadunt ad chorum Fratrum Minorum, qui est ad boreale latus ecclesie, et ibi incipiunt processionem.

Peregrinaciones infra locum et ecclesiam Bethleem.

In primis vadunt peregrini in claustrum extra latus boreale ecclesie. Ibi est descensus contra orientem per xviij^{cim} gradus in capellam, que vocatur Scala sancti Jeronimi; ibi est locus in muro, ubi sedebat quando transtulit Bibliam de Hebreo in Latinum; et eciam in eadem capella solebat celebrare. Est eciam locus ubi solebat dormire et ubi postea sepultus erat; sed jam corpus suum translatum est ad ecclesiam beatissime Marie majorem in Roma. Item ex altera parte capelle est aliud sepulcrum, ubi erant multa corpora Innocencium interfectorum projecta ab Herode. Et eciam tunc vadunt peregrini in ecclesiam ad boreale latus chori, et ibi in angulo ad orientem est altare ubi magi, apertis thesauris, parabant munera offerendum. Ibidem descendunt subtus chorum xvj^{cim} gradus in capellam quandam triginta pedum in longitudine et circa decem in latitudine; ad cujus finem orientalem est altare, et subter illud est locus, ubi Dominus noster Jhesus Christus erat natus de virgine Maria. Ab hoc altari occidentalius, quasi per spacium decem pedum, est presepe lapideum, ubi fuit Jhesus reclinatus a beatissima Virgine inter bovem et asinum post nativitatem suam. ✚ Et parum orientalius per spacium quasi quinque pedum est aliud altare; et ista duo altaria cum presepe sunt quasi sub una rupe. Et fine occidentali capelle in angulo inter occidentem et aquilonem

2 Sepulcrum Innocencium.

3 Ubi reges parabant munera.

4 Locus nativitatis Jhesu Christi.

5 Presepe Christi.

est foramen parvum, habens in profunditate quasi dimidium ulne, in latitudine vero plusquam dimidii pedis; ubi fertur quandam arborem aridam et siccam stetisse, sed tempore nativitatis floruit et viridis facta est, et erat unum lignorum crucis Christi. Postea ascenditur contra meridiem quasi per xvj. gradus, et ibi juxta parietem occidentalem est altare, ubi Dominus noster Jhesus Christus erat circumcisus octava die. ✠ Item infra istam ecclesiam est puteus ubi, sicut quidam dicunt, stella que apparuit magis translata fuit in prejacentem materiam unde fuit facta. Ecclesia ista est speciosa valde supra et subtus, habens in se quatuor series columpnarum marmorearum, et in qualibet serie sunt decem; eciam ex transverso illarum sunt alie decem, quarum omnium numerus est quinquaginta. Narratur quod quondam, domino potente et magno volente spoliare dictam ecclesiam et auferre de lapidibus ejus marmoreis, insurrexit quedam horribilis bestia in forma aspidis vel serpentis et fecit rupturam magnam in muro cum cauda sua, que adhuc apparet, et veniens stetit ante predictum dominum horribiliter intuens in eum; qui ex aspectu bestie territus et nullum malum audens facere ecclesie predicte festinanter recessit cum omni comitatu suo. Insuper, sicut diximus missas in Sancti Sepulcri templo, ita in templo Nativitatis sue in Bethleem. Et ibi ad altare nativitatis Domini habuit predictus comes Wyngornie missam in cantu organico de nativitate Domini, et post missam in aurora vij. diei mensis Junii exivimus ab ecclesia sancta Bethleem accipientes asinos equitantes versus loca in montanis Judee.

6 Lignum crucis.

7 Circumcisus.

8 Stella.

Narracio.

7 dies.

Peregrinaciones extra Bethleem.

Extra sanctam ecclesiam Bethleem ad meridiem per jactum lapidis est ecclesia sancti Nicholai, ubi angelus apparuit Joseph in somnis, dicens illi ut fugeret in Egyptum cum puero Jhesu et Maria matre ejus a Bethleem. Ad orientem per duo milliaria in valle est locus ubi angelus apparuit pastoribus cum multitudine angelorum, annun-

L

2 Angelus apparuit pastoribus.
3 Amos natus erat.

cians eis Christi nativitatem, et ibidem erat monasterium in quo erant Paula et Eustochium. A Bethleem contra aquilonem per tria miliaria est castrum Thene, de quo oriundus fuit Amos propheta; ibi eciam multa corpora sanctorum Innocencium interfecta fuerunt ibi tumulata; fuit eciam ibidem ecclesia, sed est dirupta. Sic equitantes versus montana obviavimus per viam Sarazenos et Sarazenas peregrinantes ad vallem Mambre ad sepulcrum Habrae et Sare. ✠ ✠

Peregrinaciones in montanis Judee.

1 Fons Eunuchi.

Per quatuor miliaria itur a Bethleem inter occidentem et aquilonem ad montana Judee, et per viam est fons, in quo Philippus baptizavit Eunuchum. Postea in latere montis aquilonari est ecclesia cum altari in angulo inter orientem et meridiem, ubi beata
2 Elizabeth.
Virgo Maria salutavit Elizabeth et exultabat infans Johannes in
3 Magnificat.
utero suo; et ibi cecinit beata Virgo Maria psalmum, *Magnificat anima mea Dominum.* In pariete istius ecclesie australi est petra
4 Petra suscipiens Johannem.
magna, que ad preces Elizabeth apparuit se, et suscepit Johannem Baptistam infantem ne interficeretur cum aliis innocentibus a ministris Herodis regis; inde vero ductus ab angelo in desertum ibi crevit et nutritus est usque ad tempus predicacionis sue. Tunc ascenditur per scalam lapideam versus austrum, quasi in aream lapideam spaciosam, in latere cujus aquilonari est capella cum altari ubi cir-
5 Johannes circumcisus.
cumcisus fuit sanctus Johannes octava die. Et in australi parte prope finem altaris est locus parvus, quasi pro duobus hominibus ad standum; ibi apertum est os Zacharie et prophetavit dicens,
6 Benedictus Dominus.
Benedictus Dominus Deus Israel, etc. Inde per viam ut revertuntur ad Jerusalem, quasi per quarterium miliaris a loco predicto ad dexteram manum, est ecclesia quedam in qua ponunt Sarazeni animalia; et ad boreale latus ejus est introitus in capellam, ad
7 Johannes natus.
cujus finem orientalem est altare ubi fuit sanctus Johannes Baptista natus. ✠ Et illa fuit tercia domus Zacharie. Prope Jerusalem est

domus beati Symonis justi, in qua responsum accepit a Spiritu   8 Domus Symonis.
Sancto non visurum mortem donec, etc. Ulterius propinquius Jeru-
salem in valle ad manum sinistram est monasterium Sancte Crucis,   Monasterium Crucis.
in quo deserviunt Gorgiani. Retro et subter summum altare est
fovea, in qua crescebat lignum sancte crucis. Ab isto loco transimus
in Jerusalem ad hospitale nostrum ad prandium; et post horam
quartam intramus in templum, ibi exspectantes per totam noctem,
dicentes missas et visitantes loca sancta ut prius. Et post mediam
noctem dominus comes Wyngornie habuit missam super montem
Calvarie in cantu organico, et mane diei viij. exivimus templum ad   8ᵛᵃ dies.
hospicium nostrum, ibi exspectantes usque circa horam quartam.
Tunc transimus ad domum Syon, et eadem nocte accipimus asinos
equitantes versus desertum Querente.

Iste sunt peregrinaciones a Jerusalem ad Jordanem.

Postea itur de Jerusalem usque Jordanem. Illa via est valde dura
et aspera propter calorem et multitudinem moncium, defectum aque,
necnon et aliarum rerum pertinencium ad corporis sustentationem;
propterea consilium, ut quis non vadat pedester per illam viam, quia
sepius moriuntur ibi quamplures in illa, maxima quia non inve-
niunt ibi ad comedendum vel bibendum, antequam reveniatur ad
Jerusalem; ideoque necesse est ut portentur panis, aqua, ova cocta,
vinum, caseus et alia necessaria et specialiter confortativa. De Jerusalem ad Jordanem sunt bene triginta miliaria; et per viam est locus
ubi sanctus Joachim expulsus de templo morabatur cum pastoribus   1 Joachim cum pastori-
suis, et ibi angelus annunciavit sibi Mariam nascituram. Inde sunt   bus.
due vie, una ad montem Querentanum et alia ad Jerico, et per
utramque viam sunt montes alti : cum descenditur de montibus ad
orientem, vadunt quasi per quatuor miliaria contra aquilonem ad
montem Querentanum, qui mons est altus et difficilis ad ascendendum, et stat ad orientalem finem aliorum montium, ad latus cujus
orientale ascenditur quasi in medium montis versus meridiem.   2 Quarantana.

Ibi est spelunca in rupe montis, in qua sunt due capelle, una inferior alia superior, ibi habuimus missam : ibi jejunavit dominus Jhesus xl^{ta} diebus et xl^{ta} noctibus: ✚ ibi eciam temptatus fuit a diabolo dicente, *Si filius Dei es dic,* etc. Post missam descendunt peregrini et vadunt ad viridarium arborum prope radicem montis ad orientem. Per medium istius viridarii est rivulus aque velociter currentis versus Jordanem, qui venit de post latus boreale montis Querentani a flumine Marath, qui ad preces filiorum prophetarum per Heliseum sanatus est a sua amaritudine et sterilitate per effusionem salis in ipsum flumen. In predicto viridario per aquam requiescunt peregrini accipientes confortationem ciborum et potuum ; tunc qui volunt ascendunt montem predictum per viam priorem, et cum venerint ad latus montis aquilonaris vertunt se ad manum sinistram versus meridiem ; et sic ascendunt ad verticem montis, ubi diabolus temptavit Christum dicens, *Hec omnia tibi dabo :* in quo loco stant tres parietes unius capelle, videlicet aquilonaris, orientalis, et australis, quasi octo pedum in latitudine et tanta in longitudine. Item de monte descenditur ad Jerico in domum in qua receptus fuit Jhesus a Zacheo in hospitem ; ibi eciam cecum illuminavit ; nunc est civitas illa destructa nisi quod alique domus rusticorum stant ibi : ibi dormiunt peregrini per noctem super petras, et distat a Jordane per quinque miliaria. Ulterius in via ad Jordanem fuit monasterium sancti Johannis Baptiste, et dicitur quod Christus fuit ibi baptizatus, quia Jordanus venerat illuc ; nunc vero retraxit se per jacturam unius baliste. Postea venitur ad Jordanem ; ibi balneantur peregrini ; et est pulcher rivus et profundus, et fluens in Mare Mortuum. Sed mare mortuum nullum habet exitum visibilem, et est in longitudine bene octoginta miliaria, et distat ab eo loco in quo peregrini balneantur duo miliaria. Item non est bonum diu morari in aqua Jordanis, sed balneare se propter indulgencias et cito ascendere. Prope eciam Mare Mortuum ad alteram partem fuit monasterium sancti Jeronimi, in illa vasta solitudine ubi egit penitentiam suam antequam ivit ad Bethleem, sicut ipse

9 dies.

3 Super montem Quarantana.

4 Zachee.

5 Baptiste Domus.
6 Jordanus.

7 Jeronimi monasterium.

testatur in quadam epistola sua. Item circa idem mare est statua
salis uxoris Loth. Istis peragratis, venimus nocte illa ad Jerico, ubi
jacentes super lapides per tempus quatuor horarum; 'et erat unus
presbyter de Francia mortuus illa nocte, et sepultus in medio vie
inter Jerusalem et Jerico. Post dormicionem surreximus equitantes 10 dies.
versus Bethaniam et Jerusalem; et mane diei decime diei venimus
Bethaniam.

Iste sunt peregrinaciones Betanie.

Primo in Betania est castellum antiquum, et in illo castello est 1 Sepulcrum
formosum sepulcrum sancti Lazari, quem Christus resuscitavit a Lazari.
mortuis, et fuit ibi monasterium sancte Scolastice Virginis. Extra
castellum est locus ubi Martha occurrit Christo et cecidit ad pedes 2 Ubi Marthe.
ejus, dicens, *Domine si fuisses hic frater meus non esset mortuus.*
Ibi eciam fuerunt domus sanctarum, videlicet Marthe et Marie 3 Domus
Magdalene, et Symonis leprosi, in quibus domibus Christus sepius Marthe.
hospitabatur. Item super Betaniam est locus Bethfage versus
montem Oliveti, ubi Christus sedebat super asinum pulle, ut veniret
in Jerusalem in die palmarum. Item notandum quod mons Oliveti
in celsitudine sua supereminet omnem regionem : in quo monte
solicitus erat Dominus discipulos suos et ad se de civitate confluentes
docere. Eciam notandum quod in temporibus Christi erat quedam
villula nuncupata Gethsemani, ubi Christus temtus et captus
erat. Hiis omnibus visis, venimus Jerusalem, et expectamus in
hospicio usque horam vesperarum; et tunc intravimus in templum,
et ibi habuimus sermonem ab uno presbitero de Anglia et de
collegio regali beate Marie Etone, cujus thema erat, *Peregrinus es
in Jerusalem.*

Et erant ibi de Anglicis xxvij. cum Domino comite predicto ; qui
mane habuit missam cantatam cantu organico in capella beatissime
Marie. Et sunt in templo Domini duodecim secte, Latini, Greci, Nota de xij.
Armeni, Indii, Jacobite, Gorgii, Suriani, Maronite, Nestorii, Aridiani, sectis Christianorum in
templo.

Abbatii, et Pessini ; et isti omnes habent loca in templo ad lau-
dandum Deum.   Et primo die Julii eximus mane a templo ad hospicium, et nocte sequente jacuimus super terram in domo Syon ; et
mane, audita missa, secunda die Julii equitavimus ad Rama.   Et
iij° die Julii, missa audita, in aurora equitavimus ad Jaffa et intravimus galeam ; et sic fuimus in Terra Sancta per tresdecim dies : et
quinto die Julii incipimus navigare, et venimus ad portum Salynis
in Cipria octava die Julii.   Et ibidem super montem altum est crux
sancti Latronis pendens in aere, et non potest removeri a loco illo,
et aliquando apparet alba et aliquando rubra.   Est eciam ibi rivus
salis albi.   Et rex Ciprie dat pro tributo Soldano Babilonis decem
milia ducatus in pannis, vocatis Chamelet, per annum.   In eadem
regione prope Famacost erat sancta Katerina nata, et ad fidem per
sanctum heremitam conversa.

Et xiiij. die Julii navigavimus a Salynys, et venimus ad Rodys xxij.
die Julii, scilicet, in die Marie Magdalene ; et ibi audivimus quod
ducenti et quinquaginta Turci erant adducti ad Rodys ante adventum
nostrum per aquam, cum quibus tali modo factum est.   Quum intrabant civitatem pueri Christiani capti per Turcos precedebant in albis,
portantes cruces albas in manibus, trahentes per funes renegatos in
naribus perforatos et ceteros manibus ligatis post tergum ; inter quos
xviij^cem habuerunt palos positos in fundamentis egredientibus per dorsa
et per pectora ; et decem substracti erant nudi per lignum plenum
stimulis ferreis.   Item duo decollati erant post eorum baptismum ;
unus excoriatus, et alius projectus a turre et suspensus per inguinas :
residui vero suspensi erant quidam per pedes quidam per colla ex utraque parte civitatis ut palam esset omnibus transeuntibus.   Isto tempore erat magnus Turcus apud Moras, et accipiebat de habitatoribus
illius terre triginta milia virorum, mulierum et puerorum ad habi-
tandum terram et civitatem Constantinopolim.   Item in Turkeya
est insula, in qua sunt xxiiij. milia monachorum Grecorum, qui non
comedunt carnes neque pisces, neque vivit inter eos aliquid feminei
generis.   Item venimus Cande iiij^to die Augusti ; et ibi vidimus capud

11 dies.

12 dies.
13 dies.
Salynis.

Rodys.

Nota pro
Religiosis.

Cande.

Sancti Titi, discipuli Pauli, qui fuit archiepiscopus Cortine metropolis insule Crete, ubi sunt novem episcopi : ibi crescunt mallasetum, cipressus, et succur. Item venimus ad Corphow xxiiij. die Augusti. Corphow. Item secundo die Septembris venimus Jarra in Dalmacia, ubi jacet Jarra. sanctus Symeon integer, qui accipiebat Christum in ulnas suas. In eadem ecclesia jacet sanctus Zoyolus confessor, et in ecclesia cathedrali jacet sancta Anastasia virgo et martir, de qua memoria habetur in die Nativitatis Domini, quia ut illa die sustinuit martirium combustionis. Et sexto die Septembris venimus ad Venesiam. Et sic fuimus in redeundo a Jaff ad Venesiam per novem septimanas et diem. Sed a Venesia ad Terram Sanctam, et ab illa ad Venesiam iterum fuimus in eundo et redeundo per spacium xvj. septimanarum, Dei adjutorio conducti. Cui in eternum gracias agimus. Qui tam graciose misericordiam suam nobiscum fecit. Amen. ✠

In eundo et redeundo ab Etona ad Etonam fui per spacium xxxix. septimanarum in toto.

Iste sunt civitates et ville ad magnam Civitatem Romæ.

Calisia, que est in Picardia	Andenak, iij. miliaria
Gravenynge, iij. miliaria	Conflense, iij. miliaria
Dumkyrke, iiij. miliaria	Bobard, iij. miliaria
Newport, v. miliaria	Bagarath, iij. miliaria
Bruggis, vij. miliaria	Byng, ij. miliaria
Gawnte, viij. miliaria	Odername, iiij. miliaria
Dundermounde, v. miliaria	Wermys, iiij. miliaria
Makelyn, v. miliaria	Spyre, vj. miliaria
Aschot, v. miliaria	Brussell, iij. miliaria
Dyste, ij. miliaria	Bryten, ij. miliaria
Askylle, iij. miliaria	Burname, ij. miliaria
Mastrek, iij. miliaria	Fayg, ij. miliaria
Acon, iiij. miliaria	Eslyng, iiij. miliaria
Durene, iiij. miliaria	Gyppyng, iij. miliaria
Seuernake, iiij. miliaria	Gasslyng, ij. miliaria
Rymbake, iij. miliaria	Ulma, iij. miliaria
Cense, iij. miliaria	Memmyng, vj. miliaria

Incipit Flandria.

Ibi est locus capcionis.

Incipit Brabancia.

Incipit Almania.

Incipit Reyne.

Swesia.
Hic incipiu
Montes.

Kempton, iiij. miliaria.

Nesserwan, iij. miliaria

Attrowang, iij. miliaria

Mownt Nicholas, iij. miliaria

Merane, vj. miliaria

VII. Kyrkys, vj. miliaria

Mounte Vernarde, ij. miliaria

Nazare, ij. miliaria

Tremyng, vj. miliaria

Hic incipit Lumbardia. Trent, iiij. miliaria

Roffered, ij. miliaria

Incipiunt miliaria Italica. Ala, viij. miliaria

Clausura, xx. miliaria

Verona, xij. miliaria

Scala, xij. miliaria

Hostea, xx. miliaria

Merandela, xij. miliaria

Rouporte, xiiij. miliaria

Castellum sancti Johannis, xj. miliaria

Hic incipit Italia. Bononia, x. miliaria : est ibi Universitas

Plenore, viij. miliaria

Florenschole, xxij. miliaria

Montes Scarpore, decem miliaria

Ibi est secunda capcio monete. Florencia, xiiij. miliaria

Donatum, xvj. miliaria

Sere, xiiij. miliaria

Monterone, x. miliaria

Ad Clericum, xiij. miliaria

Lakarone, xiij. miliaria

Aqua pendente, xj. miliaria

Ad sanctum Laurentium, quinque miliaria

Pulsene, iij. miliaria

Muntflaske, vj. miliaria

Viterve, viij. miliaria

Rusbecn, ix. miliaria

Suterse, iij. miliaria

Monterose, v. miliaria

Turrebocona, vi. miliaria

Ad Romam, xiv. miliaria

Castello Novo, xiiij. miliaria

Arriane, vj. miliaria

Castelliane, vij. miliaria

Burget, iiij. miliaria

Trekyl, viij. miliaria

Nerne, vj. miliaria

Serne, viij. miliaria

Spolet, xij. miliaria

Follyng, xij. miliaria   *Cristina ibi jacet.*

Cantymane, xv. miliaria

Calia, v. miliaria

Fellyne, xij. miliaria

Assyse, viij. miliaria   *Ibi jacet S. Franciscus et Clara. Ibi est Universitas.*

Parwse, x. miliaria

Castele, xij. miliaria

Burgo, viij. miliaria

Alapeve, viij. miliaria

Sampere, xviij. miliaria

Galyad, xv. miliaria

Furse, xx. miliaria

Revennan, xx. miliaria

In monte Alvernie recipiebat sanctus Franciscus sua stigmata.

A Revenna ad Venesiam per aquam, xxx. miliaria

Summa miliarum a Roma ad Venesiam, ij^c.lviij. miliaria.

Iste sunt civitates et ville a Venesia ad Calisiam.

Numerus
miliarium a
Calisia ad
Romam
M.CCC.

Venesia, que est in Ytalia
Padway, xxv. miliaria
Bassan, xxv. miliaria
Alascala, v. miliaria
Gryne, viij. miliaria
Hospital, v. miliaria
Alaburgo, v. miliaria
Alene, vij. miliaria
Trent, x. miliaria
Tremyng, iv. miliaria
Merane, vj. miliaria
VII. Kyrkys, vj. miliaria
Mount Nycholas, iij. miliaria
Nazare, viij. miliaria
Mount Vernerd, ij. miliaria
Karamath, iiij. miliaria
Esselnang, vj. miliaria
Kempton, iiij. miliaria
Memmyng, iiij. miliaria
Olma, vj. miliaria
Gasselyng, iij. miliaria
Gyppyng, ij. miliaria
Esselyng, iij. miliaria
Fayg, iiij. miliaria
Burnam, ij. miliaria
Brytyn, ij. miliaria

Brussel, ij. miliaria
Spyre, iij. miliaria
Wermys, vj. miliaria
Odername, iiij. miliaria
Byng, iiij. miliaria
Bakarath, ij. miliaria
Bobard, iiij. miliaria
Coualense, iij. miliaria
Andernake, iij. miliaria
Cense, iij. miliaria
Rymbak, iij. miliaria
Sauernak, iij. miliaria
Durane, ij. miliaria
Acon, iiij. miliaria
Masteryke, iiij. miliaria
Assyse, iij. miliaria
Dyste, iij. miliaria
Astot, ij. miliaria
Makalyne, iiij. miliaria
Dendermounde, quinque miliaria
Gaunte, v. miliaria
Bruggis, viij. miliaria
Newport, vij. miliaria
Dunkyrke, v. miliaria
Greueninge, iiij. miliaria
Calyse, iij. miliaria

Summa miliarium a Venecia ad Calisiam, м¹.lvj. miliaria.

M

Itinerarium secundum Magistri ✚ *Willelmi Wey ad Terram Sanctam.*

In Dei nomine, Amen.   Anno incarnacionis Dominice M.cccc.lxij. Ego Willelmus Wey, sacre theologie baccularius, socius Collegii beatissime Marie et sancti Nicholai Etone juxta Wyndesoram, Dei inspirante gratia, anno etatis mee lv[to], consecratus ad modum peregrinorum, iter meum versus Sanctum Sepulcrum Jhesu Christi arripui ab Etona predicta xxvj[to] die Februarii, et veni ad Gravysende v[to] die Marcii, et intravimus in mare xiij[to] die Marcii, et xv[to] die ejusdem mensis venimus ad Ermewthe in Selondia.   Inde ad Andwarpe per mare, et ab Andwarpe ad Veste viij. miliaria Ytalica; inde ad Mastryk vij. miliaria ; inde ad Aquisgravis, vulgariter vocatis Acon, et quia in Rena erat guarra inter duos episcopos accepimus consilio sapientum virorum aliam viam.   Et sic ab Acon ivimus ad sanctum Cornelium j. miliare ; inde ad Roryng dim. miliare magnum ; inde Recsteyne ij. mil ; inde Caldherberge dim. mil. ; inde Bewlyng ij. mil. ; inde Zawe ij. mil. ; inde Prom iiij. m. ; inde Saffarone ij. mil. ;   inde Bedbyrge ij. mil. ;   inde Hospytale ij. miliaria ; inde Trever ij. miliaria. Ibi jacet sanctus Mathias, et hic est super fluvium Mosam ; ibidem est puteus quo sedebat sanctus Attanasius quando fecit cimbalum [*sic*], scilicet, *Quicunque vult*. Est eciam ibi cultellus, cum quo sanctus Petrus abscidit auriculam Malchi, et in ecclesia et abbathia sancti Mathie sunt tot corpora sanctorum quot sunt dies in anno. Episcopus ejusdem civitatis est unus eorum qui eliget imperatorem Almanie, qui erit electus in civitate Acon. A Trever ad Kery ij. mil. ; inde ad Syrke iij. mil., ibi oportet accipere monetam vocatam Rappis ; inde Medys vj. mil. ; inde ad sanctum Nicholaum in Gallia x. mil. ; ibi est brachium Sancti Nicholai ; ibi fiunt multa miracula ; et est ibidem maxima multitudo catenarum et compedum quam unquam vidi in aliqua ecclesia. Inde ad Spinale x. mil. ; inde Rememyrmownte ix. mil. ; inde ad Sanctum Theobaldum vij. mil. ; inde ad Basiliam v. mil. Ibi audivimus quod erat guarra inter papam Pium et ducem Austrie, et quod papa excommunicasset transeuntes per ejus

dominium, propter quod exploravimus pro via alia et longiori ad
Venetiam. Igitur ivimus a Basilia ad Refelde ij. mil. ; inde ad
Buffynberke ij. mil.; inde ad Scafosa iiij. mil.; inde ad Constan-
ciam iij. m. ; inde ad. Arbonam iij. m. ; inde ad Renet j. m. ; inde
ad Blodyt ij. m. ; inde ad Clesterle ij. m.; inde ad Alberke j. m.; inde
ad Prottys ij. m.; inde ad Landek iiij. m.; inde ad Fose ij. m. ; inde ad
Neweres j. mil. ; inde ad Mall iiij. m. ; inde Lech iiij. m. ; inde Merane iiij. mil. ; inde Turle ij. m. ; inde Erpen i. m. ; inde Numered
ij m. ; inde Saladon j. m.; inde Sanarel ij. m.; inde ad Tremyng ij. m.;
inde Salerne iiij. m. ; inde ad Trent iiij. m ; inde ad Perysyn ij. m.
Ibi exspectavimus a die Parasceues usque ad secundam feriam pasche.

Et in die Parasceues audivimus ibi servicium, et quod post servicium feretrum positum erat in nave ecclesie, et super feretrum
ymago sancte Crucis coopertum, et luminaria posita circa feretrum
et ymaginem de cera. Et in die Pasche modicum ante diem venimus tres Willelmi peregrini ad ecclesiam et salutavimus plebeium
ecclesie, qui in adventu nostro dixit, Quia sacerdotes estis, nobiscum expectabitis in ecclesia; et statim omnes parochianos
mandavit egredi de ecclesia, et illis egredientibus hostia post eos
repagulavit. Et post eorum excessum ab ecclesia induebat se
superpellicio et capicio blodio super caput cum liripipio involuto
circa collum, ibat ad feretrum in medio ecclesie, et accipiebat crucem
que cooperta erat inter brachia, et secrete cantando ibat ad sacris-
tarium, et postea aperuit ostia ecclesie. Et in die Parasceues
in exortatione sua ad populum fecit communem populum cantare
in lingua Ytalica, *Dic nobis Maria, quid vidistis in via? Sepulcrum Christi viventis, et gloriam vidi resurgentis.* Et illud idem
fecit in missa et in vesperis ejusdem diei, et virgines fecit cantare
hec predicta altiore voce per ipsum incepte. Inde ivimus ad Levyng
j. mil.; inde ad Burge j. m. dim. ; inde Hospital j. m. dim. ; inde
ad Gryne j. m. ; inde Alaschala j. m. ; inde ad Bassane xv. m.;
inde ad Padwa xxv. m. parva.

Inde ad Veniciam, civitatem nobilem et grandem, xxij. die
Aprilis venimus, ubi videbamus in vigilia sancti Marci super

altare sancti Marci duodecim coronas aureas, plenas lapidibus preciosis, et duodecim pectoralia plena eciam lapidibus preciosis, calicem eciam altissimum et ditissimum, duo turibula magna et preciosa de auro vel deaurata, et iiij. candelabra deaurata; et summum altare erat de argento deaurato, et ecclesia sancti Marci edificata ad modum templi Christianorum in Jerusalem. Et cum illustrissimus dux ejusdem civitatis intraret in illam ecclesiam sancti Marci, in primis vesperis sancti Marci, habuit ante ipsum ix. tubas argenteas magne longitudinis cum armis suis et tres minores, habuit eciam ante se viij⁰ vexilla cum octo crucibus in rotundo deauratis: portabantur eciam ante eum octo cereferarii magne longitudinis cum octo torticiis albis. Et eciam unus portabat ante eum in una parte pulvinar magnum de veste aurea, et alius cathedram deauratam, et post eum portabat unus canapeum de veste aurea, et alius gladium cum vagina deaurata plena lapidibus pretiosis, et post ipsum candelam longam de alba cera extinctam. Et cum venerabili duce ibant patri- archa Venecie et premissarius Sancti Marci in pontificalibus, patri- archa cum cruce, et premissarius cum crucifero magni valoris; et ante eum viginti canonici amiciis induti, multi eciam sacerdotes et clerici; et post eum domini civitatis et multitudo populi. Et in die sancti Marci veniebant fraternitates diversorum sanctorum in magna multitudine et in habitibus albis ad modum religiosorum, et in una manu habebant candelas ex cera, et in altera manu flagella, et habuerunt ante se cruces et tortuces; et erant de fraternitate sancti Marci quingenti.

Illustrissimus dux illo tempore Venecie vocabatur dominus Pascale Malopero. Iste habuit secum sex consiliarios, et aliqui ipsorum mutantur in omni anno; sunt eciam sub ipso sex pro- curatores Sancti Marci, et isti manent in officiis suis per totam vitam suam; et vocantur tres citra et tres ultra. Sunt eciam in civitate decem de principalibus qui vocantur decem consiliarii; sunt eciam tres advocati, et possunt facere omnia que pertinent ad civitatem cum duce. Est eciam unus qui vocatur potestas, et ipse est judex civitatis; sed quando omnes isti precedentes non concordent,

faciunt vocari cl.ᵗᵃ nobiles qui vocantur precati ; isti possunt facere
quod volunt. Postea est aliud consilium magnum, ad quod omnes
nobiles possunt venire, et in dicto consilio eligunt officiarios pertinentes ad civitatem et alia loca extra ; et eligunt omni anno
octingentos officiarios in civitate et extra, et aliqui habent officia per
duos annos et aliqui per unum annum. Sunt eciam inter officiarios
octo, qui per totam vitam permanent in suis officiis, scilicet sex pro-
curatores S. Marci, unus qui facit monetam et alius super corda.

Et habent in civitate locum magne latitudinis ubi faciunt galeas ad
defensionem fidei nostre, ubi vidi octoginta galeas factas et fiendas ;
eciam infra illum locum habent de omni genere armorum domos
grandes repletas diversis generibus armorum ad defensionem fidei
nostre ordinatas. Item tercio die mensis Maii anni predicti decessit
ab hoc seculo dominus Pascuale Malopero, illustrissimus dux Venecie,
qui jacuit mortuus in palacio suo per tres dies, et tercio die ducebatur
ad sepulturam. In cujus sepultura omnes scole precedebant in
habitibus religiosorum cum cereis et flagellis in eorum manibus, et
ante eos cruces et torticii, et post eos plebani civitatis, sacerdotes et
clerici et religiosi, et ultimo canonici Sancti Marci cum cruce et
torticiis ; et post eos duo viri portabant arma sua, et post arma
portabatur corpus isto modo paratum. Super caput suum habuit
biriculam et faciem discoopertam, et sub capite pulvinar de vesti-
mento aureo ; super corpus suum mortuum habitum ducis aureum
extra penulatum, et super pedes sotulares et calcaria de auro prope
pedes, et ex altera parte corporis gladium, cujus vagina erat deaurata.
Et cum omnibus istis apparatibus sepultus fuit superius in muro
apud fratres Predicatores in Venicia civitate. Post ejus obitum et
sepulturam convenerunt Veniciani pro electione novi ducis, con-
vocati per consiliarios ad electionem novi ducis ; et citati sunt ad
istam electionem omnes generosi nobiles jurati ad eligendum fideles
in fide Catholica dominos de nobilioribus, qui accipiunt juramenta
sua in penam perdicionis bonorum temporalium nisi eligant sapien-
ciorem, in condicionibus meliorem, in fide Catholica fideliorem, et in
mundanis actibus pro illa civitate et suis dominiis habiliorem. Isti

centum cum certis notariis erunt inclusi in una domo, de qua non egredientur donec eligerint quadraginta de nobilioribus ad istam dignitatem. Postea quadraginta recipient corpus Domini, quod talem eligent quem credunt in fide nostra magis catholicum, et ad civitatem Venecie magis proficuum; et illum quem cognoscunt habere majorem partem vocum accipient pro eorum duce, et alium qui habet minorem partem non manifestabunt sub pena mortis. Tunc ipse qui habet majorem partem vocum, et eligitur in ducem, deducetur ad domum suam; et ut ducitur naute venient ad eum et dicent *Bona vestra nostra sunt*, et dicet, *Scio bene, sed rogo accipite inter vos centum ducatus et sitis contenti*, et istos dat eis, et per viam ad domum suam spargit monetam ad habendum spatium transeundi ad domum suam. Et, postquam ordinavit pro domo sua, adducetur per dominos civitatis ad palacium ducis, et facient eum militem, et tunc induent eum vestimentis dignitatis sue, et ponent bericulam plenam gemmis preciosis super caput ejus. Et dominica proxima venit ad ecclesiam Sancti Marci, et coram eo venient omnes scole, et unus de eis faciet coram eo proposicionem. Tunc venient religiosi in processione cum reliquiis suis, torticibus, crucibus et canapeis, et habebunt inter eos pueros multos paratos ad modum angelorum, et portabuntur super altos palos, et cantent coram domino duce diversos cantus: et seculares sacerdotes cantant, *Te Deum laudamus; Sermone blando angelus; Ad cenam agni providi.* Et sic exibit ab ecclesia Sancti Marci cum magna processione et multitudine populi, et veniet ad palacium ducis, et stabit in hostio palacii sui vertendo faciem suam versus populum, et tunc omnes domini sui gradientur ante illum facientes ei reverenciam. Istis factis ibit ad prandium in suo palacio, ubi remanebit per totam vitam suam. Post suam electionem veniunt ambaciatores a diversis provinciis visitantes eum, portantes ei munera, dicentes quod multum congratulantur de exaltacione sua ad illam dignitatem..

Nomen istius ducis electi isto anno est Cristoforus Mauro, vir valde catholicus et fidelis, qui statim post suam electionem misit oratores suos ad faciendum pacem inter papam Pium et ducem Austrie. Quod

enim audivi, vidi, et per viam ad istum sanctissimum locum feci ad
Dei laudem et honorem manifestabo in hiis scriptis, ea intencione, ut
ea que bene fiebant sint posteris in exemplum, ut ipsi eadem et
meliora faciant. Ea, que vidi in palacio illustrissimi ducis Venetie
in domo consilii sui, postea ad honorem civitatis nunciabo in hiis
scriptis. Legitur de papa Alexandro III. quod fugiebat a Roma in
habitu Fratris Minoris propter metum Frederici imperatoris, et venit
Veneciam ad domum religiosam nuncupatam Caritas, et ad hunc
diem sic vocatur, in qua domo serviebat in coquina, incognitus
tamen ab omnibus. Contingebat quod peregrinus quidam venerat
ad domum, ubi ipse serviebat in coquina, et ibi videbat papam
Alexandrum, quem cognoscebat, quia antea in ecclesia sua Sancti
Petri Rome eum videbat: propter quod ibat ad unum de dominis
civitatis, et intimabat illi quod papa Alexander erat in illa civitate:
Dominus iste adducebat peregrinum istum ad dominum ducem,
vocatum Gayne Ziam. Tunc dux cum dominis civitatis venerat
ad domum Caritatis, precipiens priori ut omnes religiosos et servos
ante eum duceret. Hiis omnibus coram eo apparentibus, dixit pere-
grino, Quis est papa inter istos? et dixit quod non erat ibi; tunc
dixit dominus dux priori, Habetis aliquos alios in domo ista?
Respondit prior, Non sunt alii in domo nisi unus qui tarde istuc
venit, et servit in coquina, sed vocetur. Cum autem ante eos
venerat, dixit peregrinus domino duci, Certe iste est papa Alexander. Tunc dux et omnes alii ceciderunt ad pedes ejus, et
statim ordinabant pro illo vestimenta dignitati sue conveniencia,
et duxerunt eum ad palacium ducis, promittentes se manuca-
pere pro vita ejus. Et statim dux ordinabat ut multe galee
armarentur ad bellum contra Imperatorem. Et quia hec erat
materia fidei ipsemet dux preferebat se ire ad bellum cum aliis,
et venit coram papa in armis suis, et petiit ejus benedictionem et
plenam indulgenciam pro se et suis. Et tunc primo papa dedit
sibi ensem et dixit, Do tibi potestatem faciendi justiciam. Post
hec dominus Dux ibat cum populo suo contra Imperatorem, et accipiebant filium Imperatoris, et adduxit eum ad papam, et sub fide sua

missus erat ad patrem suum, ut eum adduceret ad papam; quod et
Nota quo-
modo ductus
erat Impera-
tor ad papam
dicens.*
factum est, qui in ecclesia sancti Marci cecidit ad pedes pape, dicens,
Hec facio Petro; Tunc dixit papa, Et Petro et michi. Et statim
papa posuit pedem suum super collum imperatoris, dicens, Super
aspidem et basiliscum ambulabis, et concuicabis leonem et draconem,
et tunc concordati erant. Tunc dixit papa ad ducem, Ecce con-
stituo te dominum salsi maris, et in signum hujus do tibi annulum,
cum quo maritaberis mari; quod facit adhuc semel in anno, in die
Ascensionis Domini, cum multo honore. Dedit eciam illi candelam
de alba cera ut ante eum portaretur in magnis solempnitatibus.
Ista candela alba data erat duci Venecie a papa, quia nec in Francia,
Anglia, nec in aliis regnis inveniebat adjutores fidei nostre, nisi
solum in Venecia; et in perpetuum voluit ad eorum honorem et
continuacionem fidei ut candela de alba cera ante ducem portaretur
in festivitatibus, quando transit ad ecclesiam sancti Marci. Dedit
eciam sibi canapeum de panno aureo, octo vexilla cum crucibus
aureis in circulo, et octo tubas de argento, et cum istis adducitur ad
Nota quo-
modo edifi-
cata erat et
de anno
Domini.†
ecclesiam sancti Marci in magnis solempnitatibus. Dedit eciam
sibi licenciam sigillare cum plumbo. Anno Domini cc. erat civitas
Venecie edificata per piscatores. Sed primo vocata erat Realti,
postea provincia Venecie. Sanctus Magnus martir fuit primus episcopus Venecie, et ejus corpus jacet integrum in ecclesia sancti
Jeremie in Venecia. Iste sanctus habuit visionem, ut edificaret
septem ecclesias in Venecia, que sunt iste: Prima est sancti Jacobi
in Realto, secunda sancti Johannis, tercia sancti Salvatoris, quarta
sancta Maria formosa, ad quam veniunt dux et domini Venecie in
vigilia Purificacionis, et in die ad missam, ad offerendum ibi propter
miracula que facta erant ad beatissimam Virginem: quinta ecclesia est ecclesia sancti Silvestri; sexta sancti Jeronimi; septima

---

* On the margin a later hand has written "Iste Alexander 3 sanctum Thomam fovit
in exilio."

† On the margin, by a second hand, "Veneciarum civitas conditur, aut pocius ampliatur
anno Domini 450, non a pastoribus sicut Roma, sed a potencioribus et dicioribus pro-
vinciarum advenis illic propter persecutionem Attile confugientibus."

sancti Petri, que est ecclesia cathedralis, et habent ibi patriarcham.

Jam sequitur de reliquiis, que sunt in Venecia et circumcirca. In primis est in ecclesia sancti Marci anulus et liber sancti Marci; est eciam lapis qui percussus erat a Moyse in deserto, et dedit aquam in magna habundancia, et est in lapide illa ymago beatissime Virginis, prope introitum palacii in muro fixum. Et supra hostium sancti Marci est ymago Jhesu Christi facta opere Mosayco, et simillima Jhesu Christo quando portabat crucem versus Calvariam. Item est ibi in eadem ecclesia ymago Christi crucifixi in panno linio, que percussa erat a Judeo pugione, que effundebat sanguinem; et de illo sanguine est ibidem vitrum plenum, et videntes illum sanguinem in vigilia pasche ad horam secundam noctis habebunt plenam remissionem peccatorum, et licenciam manducandi carnes in nocte. Est eciam in eadem civitate corpus Ysodori martiris; corpora sanctorum Sergii et Bachi; corpus sancti Crisostomi elemosinarii; corpus sancti Zakarie, patris sancti Johannis Baptiste; corpus sancti Theodori confessoris; corpus sancti Choracis heremite; corpus sancti Lierii martiris; corpus sancti Ligorii; corpus sancti Barbari martiris; corpora sanctorum Nichomedis et Gamaliel et Abibon; corpus sancti Platonis martiris; corpus sancte Marine virginis integrum; corpus sancti Theodori martiris; corpora sanctorum martirum Gordiani et Epimachi; corpus sancti Floriani; corpus sancti Pauli, primi heremite; corpus sancti Maximi episcopi integrum; corpus sancte Barbare virginis et martiris: corpus sancti Magni martiris: corpus sancte Lucie virginis integrum; corpus sancti Nicete martiris; corpus sancti Crisogoni martiris; corpus sancti Constancii confessoris; corpus sancti Jone prophete; corpus sancti Hermolai martiris; corpus sancti Nicholai in litore; corpus sancti Theodori, episcopi Giare; corpus sancte Helene integrum; corpora sanctorum Cosme et Damiani; corpus sancti Cosme confessoris; corpus sancti Pauli martiris integrum, cum coronula super caput ejus, qui quondam erat dux Burgundie; corpus sancti Leonis

N

confessoris; corpus sancti Aniani, episcopi Alexandrie; corpus sancti Donati, episcopi in Morano; corpus sancti Gerardi, episcopi et martiris: corpus sancti Urci martiris; corpus sancti Dominici heremite; corpus sancti Cleodonii episcopi; corpus sancte Frucie virginis et martiris; corpus sancti Antonini martiris; corpus sanctorum Hermacheri et Fortunati, martirum in Mariano; corpora et ossa multorum Innocencium; corpus sancti Johannis elemosinarii; corpus sancti Secundi martiris; item manus dextere sancti Cipriani martiris, et in manu sua sanguis qui cecidit de collo ejus quando decapitatus erat. Item apud sanctum Georgium est os cruris sancti Cristofori, magne longitudinis; item pars spungee Christi, et de tunica inconsutili. Item in Venecia sunt scole omnium linguarum, et doctores eas docentes habent pro suis laboribus a dominacione civitatis. .

Provisio pro peregrinis.   Jam sequitur qualiter disponemus nos ante recessum a Venecia. Primo oportet concordare cum aliquo patrono illuc preparanti quantum pro loco in galea et pro victu vestro; et eligite locum ubi poteritis habere lumen et aerem. Item, si poteritis, scribatis convenciones factas inter vos et patronum et ponite ante dominos civitatis, quia tunc patronus custodiet vobiscum pactum suum; et quod in convencione vestra patronus ducet ad Terram Sanctam, et conducet ad Veneciam; eciam quod per viam ducet ad certos portus ad bonum vestrum, et adquiret ibi aquam friscam, carnes et panem, eciam quod non tardet ad portum ultra tres dies sine consensu peregrinorum; eciam quod non accipiat eundo et redeundo mercimonia, per que locus vester in galea posset immovari et vos ab itinere impediri per mare; eciam quod ducat vos per istos portus, scilicet Pole c. milliaria a Venecia, per aquam a Pole ad Corphow vj.ᶜ miliaria, inde ad Motyn iij.ᶜ miliaria, inde ad Candeam in Creta iiij.ᶜ miliaria, inde ad Pafum in Cipria iiij.ᶜ miliaria, inde ad portum Jaff in Terra Sancta iiij.ᶜ miliaria. Facite eciam convencionem, quod patronus non ducat vos ad Famacost in Cipria, quia aer ille est valde infectivus Anglicis; eciam quod patronus det vobis

bis in die cibum calidum, et quod vinum sit bonum et aqua frisca. Et, cum venerit ad portum Jaff, manucapiat pro salvo gardo rerum vestrarum in galea sua.

Secundo, que emenda sunt per vos in vestrum proprium adjutorium. Primo oportet ordinare pro vobis et sociis tres barellos, vocatos quartis, continentes x. lagenas, duos pro vino et tercius pro aqua. In uno barello accipite vinum rubeum, et servate illud vinum rubeum quousque revertamini a Terra Sancta, quia bonum est pro fluxu, quia si velletis dare xx. ducatos pro uno barrello non haberetis, cum semel veneritis a Venecia: de alio barello potestis libere et iterum implere ad portum per viam. Tercio oportet emere cistam ad imponendum res vestras cum cera, ut possitis servare ea que ad vos pertinent, scilicet panem, caseum, spesies, fructus, et alia necessaria. Quarto oportet emere bisquetum pro semianno, carnes porcinas, caseum, et ova, et fructus, ad faciendum collationes post nonam et prope noctem, quia parum est quod habebitis a patrono et multociens eritis valde famelicus. Insuper consulo ut accipiatis vobiscum a Venecia confectiones medicinas confortativas, ut puta pulverem vocatam powder dwke, laxativas et restrictivas, ryse, ficus, raseinos, pruinos, damascenos, piper, crocum, gariofolos, et alias spesies. Item emetis parvum cacabum frixosum, discos majores et minores tam de terra quam de ligno, glacies, ollas ad mingendum, cophinos ad portandum ova et herbas, et caseum, pisces, et carnes quas emetis cum veneritis ad diversos portus, ubi oportet emere propria victualia. Item oportet emere Veneciis unum parvum gumfum, quod, si fueritis infirmus et non poteritis ascendere ad altiora galee, poteritis ibi facere necessaria. Eciam ordinetis unam lanternam et candelas. Quinto emetis lectum prope sanctum Marcum Veneciis; habebitis unum plumarium, unum matres, duo pulvinaria, duo paria parva lintheaminum et unum parvum qwylte pro iij. ducatis, et cum reveneritis Veneciis ad venditorem ipse recipiet et dabit vobis pro lecto ducatum et dim. Sexto facite Veneciis camcionem x. vel xij. ducatuum pro nonis grotis Venecie; ibi habebitis xxix. pro ducatu, quia in aliis locis non habebitis nisi xxvj. vel. xxiiij. pro ducatu. Accipite eciam vobiscum iij. ducatis in soldis Venicianis; et eciam de Torneys duos ducatus habebitis viij. pro soldo, quia per viam non habebitis tot pro soldo, et bene servient per viam, quia pro istis habebitis victualia. Item oportet emere unam mattam et cordulam ad involvendum lectum vestrum. Septimo, cum veneritis ad portum, bonum est ire cum primis, tunc meliori precio emetis que sunt vobis necessaria ad victum, ut herbas, pullos, carnes, pisces, fructus et ova, que sunt valde necessaria ibi. Eciam cum veneritis ad diversos portus, bene cavete de fructibus, quia multociens faciunt hominem laxativum et in partibus

Provisio in
Terra Sancta. illis causat in Anglicis mortem. Octavo, cum veneritis ad portum Jaff accipite vobiscum a galea panem et caseum et cucurbitem ad portandum vinum, quia apud Jaff non habebitis victualia, et vinum erit valde carum apud Ramis et Jerusalem. Eciam habete oculum ad cultellos et ad ea que pendent per zonam, quia Sarazeni volunt furare que pendent per zonam si possunt. Eciam cum veneritis ad accipiendum azinos apud Jaff, ite tempestive et tunc poteritis eligere asinum meliorem, quia non plus solvetis pro meliori asino quam pro pejori, et ne sitis multum ante nec multum post præ timore malorum. Eciam cum equitabitis ad fluvium Jordanis accipite vobiscum ad Jerusalem panem, vinum, aquam, dura ova, casea et alia victualia pro duobus diebus, quia neque ibi neque per viam habebitis ad emendum. Eciam servate unum botellum vini, cum veneritis a fluvio Jordanis. Eciam si volueritis ascendere ad montem Quarentene, ubi Christus jejunaverat quadraginta diebus et noctibus, cavete, cum descenderitis

Nota quid
cavendum sit. de monte ad viridarium in valle, ne bibatis de aqua que ibi currit dum fueritis calidus, quia, si feceritis, causabit febres vel fluxum; sed bibite dum fueritis, si necesse fuerit, modicum de vino per se, et postea cum aqua ibi currente. Hec et alia predicta sunt servanda et facienda ab hiis qui proponunt visitare sancta loca in Jerusalem et circa.

Tercio, scribam de recessu nostro a Venecia, per quas civitates ivimus, que audivimus, vidimus et fecimus. xxvj^{to} die Maii recessimus a Venecia ad turres Venecie extra civitatem, et ibi remansimus usque ad primum diem Junii. Et circa mediam noctem posuimus velum navigantes in nomine Domini usque Terram Sanctam, et venimus ad Parense in terra Histrie tercio die Junii a Venecia c. miliaria circa horam primam post meridiem; inde ad Rovinum x. miliaria a Parense in eadem patria, ubi jacet sancta Eufemia, virgo et martir, et ibi expectavimus in die Pentecostes, dicentes ibi missas nostras. Post nonam navigavimus inde ad civitatem Jarre in patria Sclavonie, ubi jacet corpus sancti Symeonis integrum, qui habuit Christum inter brachia sua in templo Jerusalem, et ibi fuimus viij° die Junii. Inde navigavimus ad portum Sesule in Dalmacie patria xj. die Junii; inde venimus per castellum Cursula in terra Lysme, ubi haberi potest plus de forti vino pro uno grosseto, quam pro viij° in Venecia. Inde navigavimus per Dalmaciam, et venimus ad Ragosam civitatem xvj. die Junii; ibi est brachium sancti Blasii, et est ibi optimum argentum; et xxj die Junii venimus Corphow, ubi jacet sanctus Arsenius, et est insula in Grecia. Et xxvij. die Junii venimus ad Axtin, ubi crescit vinum vocatum Romney, et prope ad duo miliaria est corpus sancti Leonis martiris. Audivi eciam ibi, quod in die corporis Christi erant occisi de Turcis in regno Hungarie in comitatu Walachie majoris xxxᵗᵃ milia, sed quomodo illud factum erat scribam postea manifeste. Audivi eciam quod Turcus adquisierat Lamoreiam, que est in Grecia, quam possederunt Greci. Venimus eciam per insulam vocatam Carkey, in qua ut dicitur sanctus Nicholaus natus erat in civitate Lyddon. Inde venimus ad Rodys in Colosa iij. die Julii, ubi est una spina que erat in capite Christi, et floret in die Parasseues, quando passio legitur, ab hora tercia ad nonam, et producit quasi xxˡⁱ flores; quos, cum passio fuerit finita et totaliter cantata, proprios flores absorbet; sed, quando minister incipit legere passionem, spina est russete coloris, et a medio usque in finem est viridis coloris, et statim absorbens albos flores resumit priorem colorem. Est eciam ibi alia spina Christi, que convertitur in tempore quo passio legitur in viridem colorem, sed non producit flores; et causa est, ut estimatur, quod alia spina tetigit cerebrum Christi, hec autem non tetigit, et post passionem convertitur in

Nota de Spina Christi.

priorem colorem. Sunt eciam ad insulam Colossensem, ubi est civitas Rodys, septem insule pertinentes. Prima vocatur Lango, ubi, ut audivi, est filia Ypocratis in foramine sub terra apparens in specie draconis, et ad propriam convertetur naturam quando miles qui virgo est osculatus fuerit eam: hec insula est valde fertilis in granis, fructibus, bestiis et ferina. Secunda insula vocatur Semys; ibi est dux, et venit cum suis ad Rodys nudis tibiis, et multos capit de Turcis, et bene et fideliter custodit illam insulam ab omnibus inimicis; quod si contingat illum ducem esse vecordem et nolentem ire contra Turcos, ipsum occident et alium in loco ejus eligent. Tercia insula vocatur Carky, ubi sanctus Nicholaus erat natus in civitate vocata Lyddon, ubi meritis ejus instrumenta ferrea durant sine reparacione per tempora patrum et filiorum, quia ibi non colunt terram cum bestiis propter multitudinem petrarum sed cum ferreis instrumentis. Quarta insula vocatur Episcopia; quinta vocatur Nysere; sexta vocatur Calamo; septima vocatur Aron. Est eciam apud Rodys firmaria ordinata pro infirmis, et, quiscunque fuerit si sit Christianus et fuerit infirmus sive vulneratus, veniat illuc et habebit omnia necessaria ordinata ad suam salutem per medicos et sirurgicos sumptibus militum de Rodys, quia ad hoc fundantur; et hec fundatio incepta erat in Jerusalem, et locus ubi incepta erat eorum fundacio est adhuc prope et coram sacro templo Christi in Jerusalem. Eciam si quis infirmario illo moriatur et sepeliatur ad sanctum ibi prope habebit remissionem, et carnes ejus et ossa in illo loco sepulta corrumpentur infra quinque dies. Habent eciam milites de Rodys unum castrum in Turkeia, vocatum Sympere, ubi quondam erat civitas Tarsys, ad cujus portum tres reges Colonie accipiebant naves, et post eorum transitum Herodes in spiritu vehementi Tarsencium combussit naves. Ibi eciam sanctus Paulus, translatus ab opido Giscalli in provincia Galilee cum patre suo, erat in sua juventute nutritus, et ideo vocabatur Paulus Tarsensis, quia ibi nutritus.

Nota mirabile de canibus. Habent milites de Rodys in castro illo magnes canes, qui in noctibus ponentur extra castrum ad vigilandum et explorandum pro Turcis, quia cognoverunt bene Christianum a Turco; quod si non inveniant

Turcos, veniunt ad castrum mane clamantes; si inveniant Turcos veniunt muti. Et, si aliquis canum dormiat et non venerit cum eis nocte extra castra, ipsi eum occident; quod si contingat aliquos canum vulnerari per Turcos, ipsi habent medicos ad sanandum eos. Item a Rodys venimus per Pafum ix. die Julii; ibi sanctus Paulus fuit incarceratus in loco Fratrum Minorum, et ibi est fons sancti Pauli. Item duo miliaria a Famacosto, in civitate vocata Constantia, sancta Katerina fuit nata; item in Famacosta est capella in ecclesia Fratrum Minorum retro magnum altare, et locus in quo sancta Katerina didicit litteras. Item in civitate Nicocee, que est una civitatum principalium Ciprie, jacet integrum corpus domini Mountford, quondam militis Anglie, in Abathia ordinis sancti Benedicti, et ibi honoratur pro sancto, et sunt ducenti anni et modicum plus ex quo sepultus erat ibi. Item foras Nicoceam est corpus sancti Mamme, cujus corpus stillat oleum; item corpus Illarionis abbatis. Item non veniebamus per Seleeuciam, quia erant ibi de Mamlowkys, Maurys et de Sarazenis xij. milia, et apud Nicosetum cum bastardo rege l. milia predictorum paganorum: est eciam xx. miliario a Seleeucia crux sancti latronis, que pendet in capella super montem sine pendiculo visibili. Et xiij. die Julii venimus ad portum Jaff in Terra Sancta, et ibi in laudem Dei cantavimus *Urbs beata Jerusalem; in faburthyn,* sed exspectavimus in mare per tres dies, quousque venerant ad galeam nostram domini Sarazeni. Et tunc xvj. die Julii venimus ad Jaff, et ibi in introitu cantabamus genuflectendo *Christus resurgens ex mortuis,* et sic venimus a Venecia ad portum Jaff in sex septimanis. Eciam exspectabamus in cava sub terra apud Jaff una nocte; et mane xvij. die Julii venimus ad Ramys per Jessare et Gazara, et ibi pernoctavimus in hospicio Christianorum, jacentes super terram; xviij° die ad Liddam, et intravimus ad ecclesiam jam diruptam, que quondam erat ecclesia Christianorum; ubi est locus in quo sanctus Georgius erat decollatus, et ibi cantavimus in honore Dei et sancti Georgii *Miles Christi gloriose; in faburthyn.* Inde venimus Ramys, pernoctantes ibi sicut in precedenti nocte;

et xix. die Julii equitavimus versus Jerusalem per castellum Betanobel et Novum Castrum, ubi descendimus de equis manducantes que nobiscum habemus, ementes ibi aquam. Inde equitamus per castellum Emaus et montes Gelboe, per Sylo, per Aramatha, et sic venimus circa horam quartam post nonam ad sanctam civitatem Jerusalem; visitantes pavimentum ante hostium templi, ubi jacet lapis plenus crucibus, super quem lapidem Christus cecidit sub cruce, illum lapidem osculantes; et sic inde transimus ad hospicium Christianorum, et ibi cenamus, et post cenam jacemus super mattam, et in aurora veniunt fratres vocantes nos ad peragrandum staciones. Et sic xx. die Julii ivimus per ista loca. Primo per lapidem cum crucibus, super quem Christus cecidit; 2do per stratam illam, in qua Christus portavit crucem; 3° per domum divitis dampnati; 4° per trivium, ubi Christus cecidit cum cruce; 5° per locum, ubi mulieres flebant super Christum; 6° ubi Veronica accepit faciem Christi in lintheo; 7° ubi beatissima virgo Maria sincopizavit; 8° per portam illam, per quam Christus ductus erat ad mortem; 9° per piscinam, ubi sanabantur egri ad mocionem aque; 10° sunt duo lapides albi coloris in muro supra caput transeuncium, super quos Jhesus [stabat] quando judicatus erat ad mortem a Pilato; 11° est scola beate Marie ubi didicit literas, et per illam viam ex altera parte est domus Pilati, in qua Christus fuit flagellatus et judicatus ad mortem; et sic de aliis locis in Jerusalem, Josaphat, monte Oliveti, valle Syloe, et monte Syon, sicut in precedenti itinerario meo dixi. Et nocte hujus diei intravimus in templum Jhesu Christi, ubi post processionem et visitacionem sanctorum locorum in templo habuimus sermonem ab uno Anglico, baccalario sacre theologie, in monte sancte Calvarie, cujus thema erat *Indulgenciam ejus fusis lacrymis postulemus.* xxj. die Julii equitavimus Bethleem, et xxij° die Julii equitavimus ad montana Judee, et prope locum ubi sancta Maria salutavit Elizabet cantabamus in honore Dei et beate Marie *Magnificat, in faburthon;* et in domo ubi Johannes Baptista natus erat cantabamus, *Inter natos mulierum.* Et nocte sequenti intravimus sanctum templum Jhesu Christi, et ibi cantavimus in capella, ubi

Christus apparuit beatissime matri sue, *Beata Dei genitrix Maria;* *in faburthon;* et ad ostium sanctissimi sepulcri Jhesu Christi cantavimus, *Christus resurgens ex mortuis*, et in monte Calvarie, *Vexilla regis prodeunt; in faburthon.* Et statim post cantum habuimus a bacculario predicto in eodem monte Calvarie sermonem, cujus thema erat, *Heu me fili mi.* Et xxiiij° die equitavimus ad Bethaniam, et nocte sequenti intravimus sanctum templum Christi, et ibi cantabamus in capella predicta sancte Marie, *Ave regina celorum*, et ad ostium sepulcri Christi, *Dum transisset Sabatum*, et in monte Calvarie, *Pange lingua gloriosi.* Et xxv. die expectavimus in Jerusalem, et tunc habui dubia certa de illis, que sunt in terra ista soluta. Primum dubium erat de scriptura, que est prope foramen sancte crucis, que scriptura est in Greco, et est hec, *O theos vasileos ymon proseonas ergase sothias emose tis gis;* in Latino sic, *Hic Deus rex noster operatus est salutem in medio terre.* Secundum dubium, An columpna, ad quam Christus alligatus erat, sit respersa sanguine Christi? Responsum erat, quod non est sic jam, sed remanent in ea percussiones flagellorum. Tercium dubium, An lampas super sepulcrum, qui solebat se extinguere in tempore mortis Christi et iterum se illuminare in tempore resurrectionis sue sine adjutorio hominis, an sic facit jam? Respondebatur quod non facit jam, quia fides nostra jam finita est ibi; sed dicitur, quod in die Pasche Sarazenus videbat ignem descendentem de celo et cadentem super sepulcrum. Quartum dubium erat illud, Quia vallis Josaphat habet suum nomen propter sepulturam regis Josaphat ibidem, ubi esset ibi sepultus? Respondetur quod putatur eum esse sepultum in illo sepulcro quod nominatur sepulcrum Absolonis, et postea elevatus ab illo sepulcro et sepultus inter patres suos; etsi vocetur sepulcrum Absolonis, non tamen erat ibi sepultus, sed projectus in foream sub acervo lapidum in saltu Effraym, ubi erat occisus longe et procul a valle Josaphat. Quintum dubium; Quantum distat mons Calvarie a templo Salamonis, quia vox Christi erat audita quando clamabat *Pater in manus tuas ad* templum Salamonis? Respondetur, quod distat

(marginal notes:) Nota hic xj. dubia et responsiones. 4ᵐ. 5ᵐ.

6^m.

duo stadia et dim. 6^m dubium, Quantum distat caverna Christi, in qua sudavit sanguinem a domo Anne, ad quam domum ductus erat post ejus capcionem? Et respondetur, quod distat per sex stadia.

7^m.

7 dubium, Ubi David et Salamon sunt sepulti? Respondetur quod sepeliuntur in monte Syon sub capella Fratrum Minorum in sinistra

8^m.

parte capelle. 8^m dubium, Ubi est Gyon in quo Salamon erat coronatus? Respondetur, quod est extra Jerusalem per tria stadia et dim., et est ibi turris et vocatur domus mali consilii, quia illuc accessit Judas ad tradendum Christum, quia ibi erant principes

9^m.

sacerdotum congregati ut Jhesum morti traderent. 9^m, Ubi est lapis, super quem corpus Domini erat positum post mortem quando involveretur lintheaminibus? Respondetur, quod est apud Constantinopolim.

10^m.

10^m, Ubi Joseph, sponsus beatissime Marie, erat sepultus? Responde-

11^m.

tur quod sepultus erat in una caverna montis Oliveti. 11^m, Utrum vestigia pedum Christi ascendentis in celum sint in monte Oliveti? Respondetur, quod sunt vestigia duorum pedum Christi in lapide duro, sed dextrum vestigium potest manifestius videri; et, ut dicit Supplicius, episcopus Jerosolimitanus, quod locus ille, in quo institerant vestigia pedum Christi ascendentis, nunquam potuit sterni pavimento, ymo resiliebant marmora in ora collocancium; et adhuc eandem speciem, velut pressis vestigiis, terra custodit, cum jam Dominus raptus esset a conspectibus eorum. Item Petrus Calo; Ita sacratus divinis vestigiis dicitur, ut nunquam tegi marmore aut alia re operiri posset, semper excussis, solo respuente que manus ad ornandum temptavit apponere. Ita in toto basilice spasio solus in sui cespitis specie virens permanet, et impressa divinorum pedum veneracionem calcati Deo pulveris perspiciat, simul et attigna venerantibus arena conservat, ut vere dici possit, *Adoravimus in loco ubi*

Nota de vestigio Christi in domo Symonis.

steterunt pedes ejus. Est eciam in Jerusalem vestigium dextrum pedis Christi in domo quondam Symonis leprosi, ubi Maria Magdalena lavit pedes Christi et eos osculabatur.

Insuper xxvj. die Julii equitavimus ad Ramys, et ibi expectavimus per duos dies, quia Sarazeni essent ibi ad transeundum nobiscum, ut converterentur ad fidem nostram ; istis factis, et nullis ibi inventis, reversi sunt (*sic*) ad Ramys ; et tunc xxviij. die Julii equitavimus ad portum Jaff et vespere intravimus in galeam, et sic in Terra Sancta fuimus xiij. diebus, pro quibus solvimus pro conductu nostro dominis Sarazenis xv. ducatus; et quia novus dominus missus erat a Soldano ad gubernandum civitatem Jerusalem, patronus meus Andreas Morason tardatus erat per duos dies super terram apud Jaff, quousque solvisset novo domino Jerusalem l. ducatus. Erat eciam eo tempore guerra inter duos soldanos, scilicet Babilonie et Damasci, pro dominio et regimine Terre Sancte et quis eorum ibi regnaret. Et eodem tempore terra erat ita repleta Arabis, quod ipsi qui morabantur Jerico colligerunt bona, et venerunt habitare in Jerusalem; sic quod peregrini illo tempore non poterant ire ad Jordanem neque ad montem Quarantene, ubi Christus jejunavit quadraginta diebus et noctibus.

Omnibus igitur peractis in Terra Sancta, arripuimus iter nostrum per mare et venimus ad portum Pafum vij. die Augusti in regno Ciprie, in quorum regnum intravit bastardus, adjutorio Soldani Babilonie, et fecit tam regem verum quam reginam fugere. Inde venimus ad Rodys xix. die Augusti. Ibi audivi quod vj. miliaria a Rodys est castrum et parva villa que vocatur Fylerme ; ibi est ymago picta beatissime Marie, quam pertraxit sanctus Johannes Evangelista quando erat in Patmos insula cl. miliaria a Rodys, que postea erat ab aliis picta ; et est prima ymago que facta erat ad honorem beatissime Marie, et facta sunt ibi multa miracula. Audivi eciam apud Rodys a fide digno, quod, postquam Turcus occidisset baronem de Muldan in regno Hungarie, in comitatu Walachie majoris que est in confinibus Hungarie, accepit secum duos filios suos quos nutrivit usque ad annos discrecionis : et quia senior frater in omnibus placuit Turco, Turcus donavit sibi baroniam patris sui quem occiderat, sub illa condicione, ut solveret sibi annuale tributum, quod et fecit, sed per paucos annos: cum autem postea consilio dominorum Hungarie negasset tributum Turco, tunc mittebat Turcus pro tributo suo habendo ambaciatores

duos cum centum viris, quos baro de Flake occidebat et ambacia-
torum nasos et labia scindebat, et sic eos ad Turcum sine honore
transmisit. Tunc Turcus ira commotus convocabat triginta milia,
cum uno de dominis suis, ad bellandum contra istum baronem; de
quorum adventu cum dominus ille Flac audierat, congregabat omnem
populum suum et omnes bestias suas que erant in baronia sua per
viam illam, per quam Turci venirent, per iter trium dierum; et non
dimisit ibi victualia nisi in parvis tentoriis, ubi dimisit paucas panes
quasi fugissent cum festinacione et territi ab eo; sed cum viderent
Turci tercia die ubi dominus Flake erat cum exercitu suo, statim
Flake cum exercitu suo repente irruit super eos et occidit de illis
triginta milia et dominum illorum; et hec facta erant in die Corporis
Christi. Postea, scilicet post xxvj. die Julii, veniebat Turcus cum
grandi multitudine in terram istius Flake per iter trium dierum, et
posuit tentoria sua; sed cum nox advenerat Flac cum suis irruit
super Turcos repente et occidit de illis centum milia; et tunc
Turcus fugiebat, et quando equitasset quasi xx^{ti} milia, et venisset
per quandam aquam, ubi Turci qui cum eo ibi erant bibebant de
aqua ad confortandum se, Turcus convertebat ad illos et dixit,
Confortamini et estote viri bellatores, et revertamur contra adver-
sarios nostros quia sufficientes sumus pro eis; et ipsi jam sunt
occupati in congregacione bonorum nostrorum, et deposuerunt arma
sua credentes quod nolumus revertere ad eos: venite igitur cum
omni festinacione et repente occidemus eos. Flak, estimans quod
Turcus tali modo faceret, sequebatur Turcum et irruit super eos,
et de illis occidebat xx. milia, et sic fugiebat Turcus iterum. Et
mittebat ad se nuncios ad civitatem suam magnam, scilicet Ater-
nopyl, precipiens ut nullus loqueretur nec murmuraret in adventu
suo contra eum pro morte parentum, cognatorum et proximorum
suorum; et, ut sedaret et evitaret murmura populi, intravit civitatem per noctem. Sed, hoc non obstante, clamabant super eum sic,
quod non poterat pacifice expectare ibi pre clamore populi; sed
ibat ad Constantinopolim, et nunciavit hiis qui in domo sua erant

quod malum fecerat contra eum dominus Flake. Quod cum audierat frater Flak minor, qui erat cum Turco in domo sua et de familia sua, dixit Turco, Si posset fieri divisio sive rixa inter fratrem meum et unum ducem illius patrie, ipsum caperet et ad vos adducerem; quia multi ipsorum magis diligunt me quam illum. Quod audiens dominus Flak, per intervenientes amicos de domo Turci, concordavit cum illo duce, in quo multum confidebat, ut esset rixa aperta in presentia dominorum patrie sue, et quod iret ab eo quia iratus, et congregaret magnam multitudinem quasi pugnaret contra illum in bello. Quod cum audiret frater ejus qui erat cum Turco, quod dux iste preparaverat se ad preliandum cum fratre suo, peciit a Turco, quod dux cum illo obviavit in viam et eum salutavit, et fecit illud precedere eum cum Turcis suis sic quod iste frater erat in medio fratris sui et ducis. Et sic factum est bellum ex utraque parte contra Turcos qui erant in medio, et occiderunt quarto bello triginta milia Turcorum; et ipse Flak accepit fratrem suum, et posuit palum in fundamento ejus, et fecit palum intrare usque ad guttur ejus; et sic fixit palum in quo frater ejus erat fixus cum corpore ejus poni contra solem. Et sic a festo corporis Christi usque ad nativitatem beatissime Marie ix^m Turcorum occisi erant.

Istud audientes milites de Rodys pre gaudio pulsabant campanas, et cantabantur *Te Deum* ad Dei laudem et honorem. Hec audiens Turcus dixit, quod vellet preliare cum illis et venire cum multitudine galearum ad Rodys; propter quod dominus magister de Rodys convocavit milites fratres suos et ordinavit ad instaurandum civitatem cum frumento et vino pro duobus annis : et eciam ordinavit milites ad custodiendum omnes partes civitatis. Audivi insuper, quod rex Hungarie audiens fidelitatem istius domini Flak mittebat ei munera. Et ipse rex tempore tercii belli adquisivit maximam civitatem Hungarie a potestate Turcorum et septem alias civitates : et sic Turcus cum magna verecundia recessit ab Hungaria. Deo gracias.

Item quinto die Septembris venimus Cande, ubi dictum erat per virum venientem a Constantinopoli, quod Turcus erat in mare cum

tricentis navibus, galeis, grypis et fustis versus Rodys, quo tamen ivit
nescimus. Insuper venimus ad Motyn xx. die Septembris; et
inde venimus Lisse xxiiij° die Septembris; et xj° die Octobris venimus
Veneciam, et xiij. die ejusdem mensis exivimus a Venecia versus
Angliam, et venimus ad Dover primo die Decembris. Et sic fuimus
in eundo et redeundo ad Terram Sanctam ab Anglia ad Angliam
xxxvij^{tem} septimanas et tribus diebus.

Sed pro tanto quod peregrini ibunt per diversas patrias, necessarium
est ut aliquid sciant de linguis illis, per que possunt petere victualia.
Igitur scribam hic qualiter loquentur et sonabunt, et postea, pro illis qui
volunt legere Grecum, scribam alphabetum, *In nomine Patris*, *Pater
noster*, *Ave Maria*, *Credo*, et *In principio erat verbum*. Primo scribam
qualiter loquentur antequam petent victualia. Primo dicent in Greco.

Good morow, *calomare*

Welcome, *calosertys*

Tel me the way, *dixicimo strata*

Wyth goyd wyl, *mitta karas*

Com hethyr, *elado*

Sytte, *catase*

Gyff me that, *doys me tutt*

Goo thy way, *ame*

Anone, *lygora*

Bryng me, *fer me*

What seyst thou, *the leys*

I vnderstond the not, *apopon kystys*

God be wyth the, *Theos metasana*

My lady, *mo kirias*

Man, *antropos*

Woman, *geneca*

Wher ys the taverne, *elle canaute*

Woman haue ye goyd wyne, *geneca esse
calocrasse*

Man haue ye goyd wyne, *antropos esse
calocrasse*

Wheder goyst thow, *popasy*

Wilt thou, *thelisalo*

Bryng hether, *fer to do*

Nay, *oche*

Yesse, *nesche*

Yee, *nee*

God save, *Theos zasse*

Gramarsy, *spolate*

Have ye, *exe*

Howe moche, *posso*

Good day, *calo porne*

Good eve, *calo spera*

Good, *calotera*

Gyf me bryd, *doysome ipsome*

Bring me bred, *fertodo ypsome*

Bryng heder wyne, *fertodo crasse*

Bryng heder water, *fertodo nero*

Salt, *alase*

Appyl, *mela*

Botter, *foter*

Flesche, *creas*

Mylke, *gala*

Chese, *tyry*

Eggys, *onaga*
Porke, *grony*
Fysche, *opsaria*
Motyn, *provido*
Hennys, *orymga*
Gose, *pappia*
Musculys, *mydea*
Oystres, *ostridea*
Vynegyr, *acide*
Chyryes, *carasse*
Perys, *pydea*
Candyl, *kyry*
A cup, *cuppa*
Percely, *colomynde*
Garlyke, *sorda*
Ynonys, *cromydea*
Fyre, *fotia*
Grapis, *stephile*
Goode, *calo*
Schone, *popasche*
Hosyn, *calche*
Scherte, *camisa*
Cappe, *tallia*
Fige, *fige*
Potage, *fayte*
Dische, *crucia*
A peny, *cartesa*
A towne, *thaas*
Napkyn, *mantilepyl*
Aryse, *surgopone*
God mercy, *Kirieleyson*
Crist mercy, *Christeleyson*
Lady save, *Kyra chere*
Toll, *thelos*
World, *cosmos*
Blake, *mawron*
Creature, *alle*
Preyse, *lv*

Lorde, *Ya*
All, *pan*
A cyte, *caryath*
Brechys, *bracce*
A kyng, *vasileos*
Moche, *politro*
Lyve, *nytudo*
Horse, *epos*
A lamb, *agnon*
A schepe, *provatos*
See, *thalassa*
Fadyr, *pater*
Modyr, *chyso*
Sone, *logos*
Holigost, *Pnewmatos*
Name, *teonoma*
Thyne, *solo*
Kyndom, *ce vasilia*
Wylle, *theoloima*
Hevyn, *ouoranon*
Erthe, *gys*
Brede, *tonarton*
Yeve, *dose*
To day, *symeron*
Foryeve, *affese*
Dettys, *taofilemata*
Temptacion, *pyrasmon*
Delyvere, *larice*
Yvell, *potompomron*
Hayle, *chero*
Grace, *kareto*
Ful, *meny*
Yblessyd, *gelogumen*
Frute, *okorpos*
Ybeleve, *pistevo*
Almyty, *Pantocratera*
Maker, *peyten*
Jhesu, *Jeseu*

Ybore, *genetenta*

Worlys, *tonaeonenfos*

Of, *ale*

Lhyte, *thiote*

Ybygeten, *genetenta*

Nat, *oo*

Ymade, *tyetenta*

By, *dy*

Alle, *panta*

Whyche, *tois*

For, *dyaten*

Cam downe, *kateltonta*

Incarnate, *sarcotenta*

Ybyryed, *tafenta*

	j.	ij.	iij.	iiij.	v.
Nomina numerorum :—	On	too	thre	fowre	fyve
	una	dua	trai	thessara	pende

vj.	vij.	viij.	ix.	x.		
sixe	sevyn	heyte	nyne	ten	xx.	xxx.
hexe	esta	octo	ennea	deca	chosche	trenda

xl.	l.	lx.	lxx.	lxxx.	xc.	c.
ferenda	penta	exinda	este	octinda	enninda	chato.

Sic enim possumus numerare decaena, decadua, decatrea, decapende, decahexe, decaesta, decaocto, decaennea. Choche, enache, dua-choche, tersachoche, pendechoche, hexachoche, estachoche, octo-choche, enneachoche. Trenda, enatrenda, duatrenda, treatrenda, etc. Ferenda, eneaferenda, duaferenda, treaferenda, etc. Pente, eneapente, duapente, treapente, etc. Exinda, eneaexinda, dua-exinda, treaexinda, etc. Este, eneaeste, duaeste, treaeste, tessara-este, etc. Octinda, eneaoctinda, duaoctinda, treaoctinda, etc. En-ninda, enaenninda, duaenninda, treaenninda, tessaraenninda, etc. c.
Chato. Jam sequentur dictiones, sive verba Greca, secundum literas et sillibas alphabeti. Inprimis incipiam cum A. et quid significant in Latino.

A.	A*		Ab.	Abba, *pater*
	A sine			Abisis, *intus*
	A para			Abrage, *lamina*
	A set		Ac.	Acros, *mons*

* At the foot of the page, "Apud Grecos sunt he lingue, Ethica, Eolica, Ionica, Dorica et Boetica. Nomina Greca desinencia in -ya producuntur."

Ac. Achaia, *provincia Grecie*
Achios, *disposicion*

Ad. Adulos, *famulus*
Ador, *aqua*
Adon, *suavitas*

Ae. Ae, *ejus*
Aeton, *ipso*

Af. Affeci, *dimitte*
Affimen, *dimittimus*

Ag. Agi, *semper*
Agnonon, *Agnus*
Agios, *sanctus*
Agmon, *intus*
Agiastato, *sanctificetur*
Agionto, *sanctum*
Agian, *sanctam*

Ai. Aioonas, *seculi*

Al. Ale, *de*
Alpha, *A*
Alleon, *alienum*
Alteon, *fortes*
Alarice, *sed libera*
Alas, *sal*
Allatheias, *veritas*

Am. Ame, *vcde*
Amphi, *dubium*
Angelon, *nuncium*

An. Ana, *sursum*
An, *circum*
Antropo, *homo*
Antropos, *homines*
Andre, *virile*
Anda, *stercus*
Anastanta, *surrexit*
Anastasi, *resurrectio*
Aneltonta eisto, *ascendit*

Auton, *illum ipsum*
Autekne, *filios*
Antros, *viri*
Antropon, *hominum*

Ao. Aoraton, *invisibilium*

Ap. Aphos, *phistula*
Apostolicon, *apostolicam*
Aphene, *lucet*
Apostalmenos, *missus*
Apos, *retro*
Apo, *longe vel de*
Ap onton poniron, *a malo*
Apera, *de*
Apixos, *corupte*

Ar. Arbe, *quatuor*
Ares, *virtus*
Archos, *princeps*
Argeron, *argentum*
Armus, *humerus*
Artos, *ursus*
Armenis, *interpres*
Archimandrita, *pastor ovium*

As. Assefonakar, *remissione*
Asselevon, *receperunt*
Aste, *divisio*
Astui, *urbs*
Ascli, *venter*
Asas, *cum*
Aster, *stella*
Ascopa, *ute*

At. Athe, *morbus*
Athanatos, *immortalis*
Athene, *civitas Achaie*

Av. Avstyn, *civitas*
Avtenti, *authoritas*

Ax. Axi, *circulus*
Axos, *volucio*

P

Ax.   Axa, *sex*

Ba.   Baccas, *nomen aromatis*

Balneon, *balneum*

Baros, *fortis*

Bariu, *grave*

Balim, *mittere*

Baton, *materia*

Basilion, *rex*

Bar, *filius*

Balos, *mittere*

Baris, *fortis*

Baron, *vorare*

Be.   Betha, *B*

Bezub, *musca*

Bole, *sententia*

Boge, *fides*

Bomportus, *insula Grecie*

Botrio, *later*

Botrus, *racemus*

Br.   Brios, *mensura*

Briseu, *vulgare*

Branchos, *breve, faux vel guttur*

Bromyn, *consumere vel comedere*

Brachos, *brevis*

Bv.   Bucolon, *cultura bonum*

Bus, *bos*

Bule, *sententia*

Ca.   Calo, *bonum, vocare, imponere*

Calcon, *fex*

Cacoktakos, *malum*

Cata, *universale, fluxus*

Calos, *lignum*

Catha, *juxta*

Caritos, *gracia*

Cardion, *cor*

Calipson, *velare*

Chaos, *confusio, fossa, inicium*

Canon, *regula*

Cariath, *civitas*

Calomare, *bona dies*

Calosertis, *bene veneris*

Cataze, *sede*

Caloporne, *bona dies*

Caloespera, *bonum sero*

Calothera, *bona nox*

Cartesa, *denarius*

Calon, *lignum*

Camir, *curvum*

Camu, *breve, humile*

Carectar, *figura, ymago*

Caris, *gracia*

Cachos, *malum*

Cartallos, *sitella*

Catha, *trans*

Cathagrapho, *transcribo*

Catha, *comune, juxta, valde*

Cauma, *calor, incendium, estus*

Ce.   Ceresta, *cornua*

Cerannos, *flumen*

Ch.   Chelion, *curvum, brachium, crus*

Chonum, *acutum*

Ci.   Cirurgia, *manuum operatio*

Ciros, *manus*

Cinos, *canis*

Cinus, *cissio*

Ciculo, *rotunditas*

Cl.   Clinus, *electus*

Cleos, *gloria*

Cleros, *sors*

Clinon, *lectus*

Co.   Coros, *ventus*

Co. Coccum, *rubeum*
Colen, *fel*
Colon, *membrum*
Conon, *acuta*
Corion, *coriandrum*
Cosmos, *mundus*
Costes, *decem*
Comos, *villa*

Cr. Craton, *potestas*
Creos, *caro*
Cranon, *tempus*
Crassis, *vinum*
Cresis, *natura*
Crisis, *aurum*
Cresis, *judicium*
Crepon, *dubium*
Crimasontas, *vinos*
Criston, *Cristus*
Crifon, *obscurum*
Creagra, *tridens*
Cronon, *tempus, annus*
Crusia, *discus*

D. Deltha, *D*
Desyon, *dextera*
De, *quod*
Deca, *decem*
Delon, *obscurum*
Demon, *sciens*
Delphos, *frater*

Di. Dyan, *caritas*
Dya, *duo*
Dyan, *clarere*
Dieten, *propter, per*
Diximo, *dic mihi*
Dictui, *rethe*
Digma, *sententia*

Discasculor, *doctor*
Diphon, *plica*

Do. Dos, *da*
Doke, *expecto*
Dosime, *da mihi*
Domos, *planum*
Dodrans, *novem*
Dosis, *dalum*
Dorcas, *visus*
Dor, *caprea*
Dromon, *cursus*
Drepan, *incurvum*
Drias, *arbor*

Du. Dulos, *servus, vel servire*

Eb. Ebate, *abietes*
Echonomica, *dispensator*
Echatos, *centum*

Ee. Eologemenon, *benedicta*
Eelogimenos, *benedictus*

Ef. Effa, *resolutus*

Eg. Egle, *capra*
Egenetha, *facta*
Egeneto, *factum est*

Ei. Eienta, *nati*

El. Eleyson, *miserere*
Eloys, *sol*
Elthete, *adveniat*
Elios, *Tytan*
Eleis, *miseras*
Elten, *venit*
Elado, *veni huc*
Eleos, *miserere*
El, *Deus*
Eloy, *Deus meus*
Elysian, *ecclesia*

Em. Emath, *sanguis*

Em. Emosetis, *in medio*
Emphasis, *expressio*

En. Ena, *unum*
Enantrope, *homo*
En, *in*
Entiskori, *tenebris*
En, *bonum*

Eo. Eoles, *Grecos*
Eovus, *orientalis*

Ep. Epi, *supra*
Epitis, *in*
Epen, *medium*
Epta, *septem*
Epos, *equus, octavum*

Er. Ergen, *actus*
Ercomenon, *venientem*

Es. Eskotia, *tenebre*
Eskinosen, *habitavit*

E. Etha, *E*
Ethe, *habeas*
Ethon, *varium*
Ethemos, *ethemologia*
Ethegis, *habeas*
Ethos, *morem*
Ethica, *moralis*
Eteasame, *videmus*
Ethimo, *verum*

Ev. Evan, *evangelium*
Evon, *perpetuum*
Evsebia, *Amor Christi*

Ex. Exapla, *translationes*
Exe, *habete*

ffa. Digamma, *duo f, f*
ffaito, *potagium*
ffatin, *habundanter*
ffaxim, *ffacere*

ffagus, *arbor*
ffarmacon, *unguentum*
ffagin, *comedere*
ffalon, *lignum*

ffe. ffenicen, *rubeum*
ffebe, *luna*
fferto, *porta*
fferme, *porta mihi*
fferon, *mors*
ffermentum, *corupcio*
ffenicen, *rubeum*
ffermon, *color*

ffi. ffige, *fficus*
ffiblun, *ffibula*
ffilis, *natura*

ffl. fflegeton, *ardens*
ffleumon, *sanguis*
fforos, *fferrum*
ffos, *lux, ignis, aer, vox*

ff. ffotia, *ignis*
ffoter, *butirum*
ffrenesia, *prudentia*
ffrodos, *spuma*
ffrasis, *locucio*
ffulica, *Herodius*

Ga. Gala, *lac*
Galathe, *lactis villa*
Galeros, *lacteum*
Gamos, *nupcie, uxor*
Gamma, *G*
Gama, *mulier*
Gatos, *liquor*

Ge. Ge, *terra*
Geron, *sacrum*
Genesis, *soboles, natura*
Geneth, *mulier*

Ge. Genethen, *generatio mulieris*
Getha, *appares*
Genethite, *fiat*
Genetenta, *natum, genitum*
Genos, *barbs*

Gi. Gintos, *viginti*
Gignos, *nudus*
Gignacum, *exercicium*
Gipsum, *quantum*
Glisui, *dulcis*
Glustros, *puritas*
Glossa, *lingua*
Glicoos, *dulcedo*
Glisos, *pictura*
Gliphe, *sculptura*

Go. Gogos, *duccio*
Gore, *dicere*

Gr. Grada, *fortis*
Graphos, *scriptura*
Grama, *litera*
Groni, *porcus*
Grama, *linea*

He. Her, *liten*
Hex, *sex*
Herm, *verbum*
Hemys, *yemos*
Hermes, *ffacundus*
Heos, *Aurora*
Hermene, *interpretacio*
Herma, *masculus*
Hepta, *septem*
Her, *terra*
Herodion, *Herodius*
Hesperam, *Horam*

Hi. Hiudos, *pluvia*
Hister, *ultimus*

Hysteron, *preposteracio*
Hyskirios, *fortis*

Ho. Hora, *Hora*

Ja. Jalen, *vitrum*

Ic. Icos, *ymago*
Iconsis, *sonus*
Idea, *exemplar*
Ydon, *proprium*
Ydos, *fforma*
Ydor, *aqua*
Ydra, *draco*
Ydus, *divisio*

Il. Ile, *ornuena*

Y. Ymos, *membranc solucionis virginitatis*
Ymnos, *laudes*
Ymen, *nubere*
Ymeneus, *nupciatus*
Ymeteron, *nostram*
Ymon, *noster*
Ymen, *nobis*

In. Ina, *ut*

Ie. Ieneto, *ffacta*
Ienetai, *ffieri*
Ienois, *unigeniti*
Ihesus, *Salvator*

Io. Iottha, *I*
Ios, *venenum*

Ip. Ipos, *equus*
Isys, *introductio*
Iskyros, *ffortis*
Ysus, *substantia*

Ka. Katholicon, *catholicam*
Kaestai, *erit*
Katheso, *sedet*
Katatas, *secundum*

Ka. Kateltonta, *descendit*
Kareto, *gratia*
Karasse, *sereses*
Kai, *et*

Ke. Kereo, *cognovit*
Kene, *erat*
Keinos, *ille*
Keston, *memoria*
Ke, *ex*

Ki. Kiro, *dominus*
Kirion, *dominium*
Kira, *domina*
Kiri, *candela*
Kirios, *origo, caput*
Kirius, *porcus*
Kirieleyson, *Domine miserere*

Ko. Komenon, *venturus*
Koros, *sine*

La. Lasefaneia, *locutus est*
Lapda3, *L*
Laos, *populus, lapis*
Latron, *servire*
Labon, *jactans*
Lagos, *cursus*
Lageos, *lepus*
Lappates, *fficus*
Aluxòs, *solucio vel lascivus*
Latria, *servitus*
Laterun, *athleta*

Le. Lethe, *oblivio*
Leucos, *album*
Lek, *ex*
Lexis, *racio*
Leon, *rex vel princeps*
Lentos, *plenus*
Letanie, *rogaciones*

Lema, *via*

Li. Ligora, *statim*
Licon, *lepus*
Licaon, *lupinus*
Litos, *lapis*
Licontripon, *unguentum bonum*
Lieuos, *lene*
Lixos, *aqua*
Lira, *sulcus*

Lo. Logos, *locucio, sermo et verbum*

Me. Me, *M*

Ma. Maturian, *testimonium*
Martirise, *testimonium*
Mane, *furor*
Makron, *longum*
Manon, *bonum*
Machos, *pugna*
Manto, *divinacio*
Mammona, *sensus*
Mauron, *nigrum*
Mane, *diluculo*
Maium, *bonum*
Magos, *philosophos*
Malon, *rotundum*

Me. Mene, *defectus*
Meros, *purum*
Metros, *mensura*
Melos, *dulcis*
Mega, *longum*
Methecos, *elevat*
Meta, *trans*
Melan, *nigrum*
Mela, *pomum*
Mem, *plena*
Metasu, *tecum*
Menon, *ad*
Melontos, *venturi*

Me. Mel, *apis*
    Meris, *divisio*
    Messias, *Christus vel Unctus*

Mi. Mitacarras, *bona voluntate*
    Muian, *unam*
    Mitos, *filum*

Mo. Mo, *mea*
    Monos, *unum vel singulare*
    Morphos, *mutacio*
    Moys, *aqua*

Mv. Mvtos, *breve*
    Mys, *libra vel mina*
    Mucron, *longum*
    Mvlus, *mulus*
    Murinam, *murenam*
    Mvs, *terra*

N. Ne, *N*
    Nablum, *organum*
    Nais, *aqua, navis*

Ne. Nesche, *ita*
    Neos, *nomen*
    Nexoon, *livor*
    Nigros, *mors*
    Ninctui, *ingulacio*
    Nichos, *victus vel victoria*
    Nictos, *nox*
    Nois, *mens*
    Noma, *nomen*
    Norma, *regula*

O. O, *O*
    Octo vel Octomega, *duplex o o*

Ob. Oblos, *sagitta*
    Osonio, *panis*

Oc. Oche, *non*
    Ocorpos, *fructus*

Od. Odos, *cantus*

Oe. Oède, *neque*
    Oe, *non*
    Oeta, *quem*
    Oeranon, *celis*

Ok. Okosmos, *mundus*

Ol. Ologos, *verbum*
    Olon, *totum*
    Oleon, *Oliva*
    Oleos, *misericordia*

Om. Omos, *humus*
    Oma, *odor*
    Omeosyonta, *consubstantialem*
    Omolyon, *confiteor*
    Omos, *populus*
    Omen, *augurium*
    Omero centonas, *virgilio centenas*

On. On, *totum*
    Onocraculon, *avis alba*
    Onaga, *oua*
    Ouranon, *celi*
    Ontis, *cujus*
    Onoma, *nomen*
    Onthos, *hic*
    Onde, *neque*
    Onos, *asinus*
    Onicen, *unguentum*
    Onix, *unguis*

Op. Opos, *terra*
    Opsaria, *pisses*
    Opos, *succus, incisio*

Or. Ortos, *rectus*
    Orge, *cultura*
    Orche, *suscipere*
    Oringa, *galline*
    Oratonte, *visibilium*
    Orion, *urina*

Or. Orphanus, *pupillus*
Ortix, *coturnix*

Os. Ostiu, *equale*
Os, *sicut*
Ostridea, *ostree*
Ophotizei, *illuminat*
Oson, *autem*
Osmono, *quasi*

Ot. Othis, *auris*
Ota, *auris*
Othiso, *omater*

Ox. Oxi, *acutum*

Oz. Ozor, *olere*

Pa. Pater, *pater*
Papia, *anca*
Patos, *via*
Pan, *totum*
Pagos, *villa*
Pasca, *transire vel transitus*
Pasis, *passio*
Para, *juxta*
Phana, *parare*
Phares, *divisio*
Palym, *iterare*
Psallym, *laudare*
Phares, *divisio*
Phanos, *apparicio*
Palym, *motus*

Pe. Pedos, *puer*
Peri, *circum*
Paraclisis, *consolator*
Paralipomenon, *pretermitto vel ex-
plicacio*
Para, *pre*
Parasceue, *preparatio*
Pascim, *pati*

Phase, *transitus*
Pastifora, *parvi celle*
Pedos, *puer*
Peri, *circum*
Phebus, *sol*
Pene, *nutrio*
Penta, *quinque*
Penthecon, *quinquaginta*
Pepo, *melonis*
Pesti, *humor*

Pl. Planos, *erreor*
Platos, *latinum*
Pleumcri, *pulmo*
Pleuron, *latus*

Ph. Phano, *apparicio*
Philos, *amor*
Phares, *divisio*
Philaxe, *servant*
Phonos, *sonus*

Pi. Pisis, *humor*
Philaxe, *servare*
Pir, *ignis*
Philos, *natura*
Pidea, *pira*
Pin, *altum*
Pistin, *fides*
Penten, *pini*
Pixos, *corupte*

Po. Polis, *pluralitas vel civitas*
Podere, *talaris*
Polis, *possibilia*
Pos, *pes*
Possederias, *portus*
Phonos, *sonus*
Photos, *fferre*
Pontifanac, *fferre*
Posso, *quantum*

Popassi, *quo transis*
Popasche, *sotulares*
Podegra, *dolor*
Polion, *versari*
Pompeu, *publice*

Pr. Prothos, *primus*
Pratos. *manum*
Prothos, *casus*
Probatos, *ovis*
Promdo, *carnemoter*
Presbiter, *senior*
Preaste, *redimere*
Proson, *longum*
Proseucie, *orare*

Ps. Pseustas, *falsum*
Pseudo, *decipiens*

Qu. Quianos, *rubium*
Quiris, *hasta*
Quirites, *haste*

R. Re, *R*
Rabi, *magister*
Rama, *excelsum*
Ranchos, *fœtidus*

Re. Resis, *eloquitur*
Regmon, *sonus*
Regnum, *abruptum*
Resin, *manare*
Resis, *facundus*
Retortus, *iterum cruciatus vel retro iterum flexus*

Ri. Rithmos, *pumerus*
Rinos, *naris*
Rinoceran, *rionoceros*

Ro. Rodo, *rosa*
Rogos, *ignis*

S. Se, *S*

Sarkos, *caro*
Sabata, *requies*
Saphos, *sapiens*
Sanguin, *rubeum*
Sarcotenta, *incarnatus*
Santasta, *ffactus est*
San, *sunt*
Sarze, *carol*
Sarkos, *carnis*

Sc. Scutum, *rotundum*

Se. Senos, *sensus*
Se, *sine*
Senon, *umbra*

Si. Sicma, *S*
Silene, *luna*
Sitos, *panis*
Siren, *tractus*
Sichen, *anima*
Syn, *consignat*
Sichea, *animata*
Symeron, *hodie*
Syengene, *mulieribus*
Synecron, *mortuorum*

Sk. Skenomenon, *incarnatum*

So. Sos, *cum*
Solon, *solempnis*
Sothirean, *salutem*
Sophie, *salvatoris*
Sorda, *allium*

St. Stoa, *porticus*
Strophos, *conversio*
Strophin, *ambire*
Stratos, *pamre*
Stolon, *missio*
Stolin, *mittere*

Ta. Thanatos, *mors*

Q

Tassala, *mare*

Thadendosan, *gloriam*

Taidia, *propria*

Tadoʒes, *judicare*

Thaphenta, *sepultus est*

Talmon, *oculus*

Thaphos, *fortis*

Th. Theta, *T*

Thesis, *posicio*

Tetras, *quatuor*

Thelon, *longum*

Theos, *Deus*

Teos, *videre*

Thenon, *stacio*

Tenenon, *seculorum*

Thean, *Deum*

Tespartenoe, *virgine*

Thepe, *eciam*

Tetri, *tertia*

Teemera, *die*

Thelos, *finis*

Tenon, *que*

Thelomatos, *voluntate*

Thelos, *vectigal*

Thermon, *calor*

Theucos, *volumen*

The, *villa*

Tetan, *sol*

Ti. Thime, *timeama*

Timen, *animam*

Thimen, *librum*

Tisiones, *secula*

Thiskelia, *ventris*

Thiso, *mater*

Tira, *Dei*

Thimon, *Deo*

Thioe, *lumen*

Thimon, *lumine*

Thiotenta, *factum*

Tioompros, *peccatorum*

Thiseʒeisi, *potestatem*

Tiro, *ffortis*

To. Thopos, *locus*

Tholomon, *regnum*

Thomos, *divisio*

Thephagrapia, *descripcio*

Toeio, *ffilii*

Toiagio, *sancti*

Tonoonon, *seculorum*

Toonoma, *nomen*

Tothelima, *voluntas*

Tonarton, *panem*

Thomonta, *ffilium*

Tonienogeniton, *unigenitum*

Topneumito, *spiritum*

Tois, *quo*

Ton, *sunt*

Toʒooopionto, *vivificante*

Tofostoon, *lux*

Toenkatelaven, *comprehenderunt*

Tophos, *lux*

Toale, *vera*

Tocosmo, *mundo*

Tonoe, *receperunt*

Toe, *qui*

Tocosmon, *mundum*

Tonos, *sonus*

Tr. Trochos, *volibile*

Tris, *tres*

Tv. Tuchis, *ffortuna*

Tupos, *ffrangere*

Tvno, *fflorere*

Va. Vasilia, *rex*

Vaptisma, *baptisma*

Varus, *curvus*
Virbigma, *Sancte Sophie*
Vl. Vlixes, *totum*
Vranon, *palatum*
Vr. Vr, *ignis*
Vriel, *angelus*
Vrotenta, *crucifixus*
Vp. Vppupa, *avis parva*
Vs. Vsios, *substantia*
Vsiosis, *forma*
Vsian, *res composita*
Y. Ylen, *premordial*

Yskirios, *ffortis*
X. Xenon, *peregrini*
Za. Zaminaton, *sanguinibus*
Ze. Zenon, *siccum*
Zerolophon, *cervus siccus*
Zi. Zima, *ffermentum*
Zio, *Mensis Marcius*
Zo. Zoen, *anima*
Zona, *cingulum*
Zoykay, *vitamea*
Zoa, *viuencia*
Zodia, *signa*

Nomina Ebrea.

Vir, *Ys*
Virago, *Yssa*
Dilicie, *Eden*
Ignis, *Hur*
Medium, *Meso*
Aqua, *Potaneos*
Juramentum, *Sabee*
Capellatura, *Seyron*
ffulvum, *Edon*
Videns, *Ra*
Deus, *El*
Effusionis, *Esphec*
Transitus, *Phase*
Obsecro Salva, *Ozanna*
Rubum, *Jamsuph*
Ypodoris, *Mechyr*
Sanctum nomen Dei, *Agioth Adonay*
Dominus, *Adonay*
ffilius, *Barjona*
Petrus, *Cephas*
Domus, *Beth*
Panis, *Leem*

Mare, *Tharsis*
Piscina, *Bethseyda*
Salva, *Osi*
Obsecro, *Anna*
Advena, *Ger*
Creatura, *Alle*
Seculum, *Eulan*
Aqua, *Emon*
Pater, *Abba*
Virtutum, *Sabaoth*
Deus, *El*
Meus, *Y*
Utquid, *Lama*
Dereliquisti me, *Azabatani*
Donum, *Corban*
Sacrificium, *Manaa*
Speciosa, *Naboth*
Christi genitrix, *Christi thoticon*
Lauda, *Lv*
Dei genitrix, *Otheothocon*
Mensura, *Bria*
Caro, *Basan*

Desideria, *Madmad*

Recessio, *Bazori*

Silicem, *Sur*

Venacionem, *Sud*

Domus Venatorum, *Bethsayda*

Transivi, *Zabarthi*

Arabit, *Jeros*

Saluatus, *Phaleta*

Arastis, *Jeraschem*

Tumultus, *Saon*

Dominium, *Ya*

Brachia, *Baddan*

Protegam, *Anaggoneth*

Aquas, *Maym*

Bobus, *Surym*

Aceruos, *Gallym*

Apotente, *Sadda*

Aurum, *Arus*

Annuncians, *Saradym*

Galilea, *Galiloth*

Senhendryn, *Judices*

Sebeth, *Virga*

Sabbath, *Sabatum*

Malotoncus, *Circumscisio*

Talmud, *Liber Judeorum*

Erba, *Herba*

Adonay, *Nomen Dei*

Amen, *ffideliter*

Alleluya, *Salvum me fac*

Jaswer, *Auferetur*

Jaayr vel Vara, *Septrum*

Ysan, *May*

Sasan, *Aprilis*

Zebta, *Derelictum*

Mar, *Amaritudo*

Manna, *Quid est hoc*

Sedebath, *Mensis Augusti*

Heron, *Lignum impenetrabile*

Mabarthme, *Princeps Sacerdotum*

Getomone, *Lineum*

Abaneth, *Tunica*

Masuem phiti, *Pillium*

Metir, *Tunica Talaris*

Essym, *Racionale*

Aserta, *Pentecosten*

Asosra, *Tuba*

Adoni, *Dominus*

Mara, *Dolor*

Alphabetum Hebreorum.

Aleth	Toth	ffe
Beth	Jooth	Sade
Gymel	Caph	Coph
Deleth	Lameth	Rese
He	Men	Syn
Vay	Nvn	Tav
Zaym	Sameth	Tooth
Heth	Ani	Jooth, etc.

De Civitate Venecie.

Civitas Venecie vocabatur Realti, et postea Civitas Venecie. Sanctus Magnus martyr fuit primus episcopus Venecie, et ejus corpus jacet integrum in ecclesia sancti Jeremie in Venecia. Iste sanctus habuit visionem ut edificaret septem ecclesias in Venecia, que sunt iste; Prima est sancti Jacobi in Realto; secunda est sancti Johannis in Realto; tercia est Sancti Salvatoris; quarta est sancte Marie Formose, ad quam veniunt dux et dominacio Venecie in vigilia Purificacionis, et in die ad missam ad offerendum; quinta est ecclesia sancti Silvestri; sexta, sancti Jeronimi; septima, sancti Petri, que est ecclesia Cathedralis, et habent patriarcham ad sanctum Petrum.

Ravenna est antiquissima civitas Ytalie, et fuit primo habitata, et ibi est unus cardinalis. Aquilegia erat secunda civitas habitabilis, et ibi est patriarcha; ibi erat quondam sedes papalis: igitur illa provincia vocatur Frulis, quod significat liberam, quia est libera ab omni jure. Padwa erat tercia civitas condita, et primo vocabatur Pallude, quia fuit et est sita inter palludes. Sed anno Domini cc. cum Atela rex Hungarie destruxerat istas civitates et plures civitates Hungarie, fideles et catholici viri istarum civitatum, et regni Hungarie, ad locum maris, ubi edificatur Venecia, venerunt, et ibi edificabant civitatem. Sic quidem magna pars generosorum Venecie traxerunt originem ab Hungariis, ex quibus dominus Andreas Morason patronus meus duxit originem.

De terris et dominiis Venetorum a Venecia ad Terram Sanctam.

Marona in qua faciunt vitros, quatuor milia a Venicia. Item Maʒorbo: item Lydo Major. Civitas Jessulo; ista civitas est in Marcha Trevysana, et tota Marcha Trevysana est sub dominio Venetorum, et habet tres episcopatus. Ulterius per viam est Pyzeema. Item Kavrley; item Maranus et Portus Gruarie; Gradun et Aquilegia. Civitas hec et alie sunt in provincia Frulis, et hec

et omnia in ista patria sunt sub dominio Venetorum. Et sunt
in illa patria unus patriarcha et sexdecim episcopi. Ulterius per
viam est Parense, centum miliaria a Venecia Rvmerna, Pala civitas,
Justina; et hec patria vocatur Hystria, et sunt ibi duodecim episcopatus sub dominio Venetorum. Ulterius est Jadra, Sybynica,
Spolaton, Traon, et Kataron, et plures insule, Lesyna, Cursula;
et hec sunt in patria Dalmacie, et sunt decem episcopatus in tota
terra ista, et tota terra sub dominio Venetorum. Ulterius per viam
est Bodowa, Antebery, Dulcynio, et Duracio, et iste civitates sunt
in patria Albanie, et sunt ibi novem episcopatus de dominio Venetorum. Ulterius in Gresya est insula Corphu, et est ibi archiepiscopus; ulterius in Gresia sunt Modyn et Coron in patria de la
Morea, et ibi sunt duo episcopi, et est sub dominio Venetorum;
ulterius in Grecia est regnum Crete, ubi est Candea, Canea, Retimo,
Citea, et sunt ibi ville quatuordecim milia et novem civitates cum
novem episcopis et unus archiepiscopus; et in regno isto crescit
malmasetum, et est sub dominio Venetorum. Et sic sunt sub toto
dominio Venetorum tres patriarche, et lxij. episcopi et archiepiscopi.

Sequitur de aliis locis per viam ad Terram Sanctam.

Pathmos insula, in qua sanctus Johannes evangelista scripsit
Apocalipsym, est in Turkeia a Rodis cl. miliaria, a castello Sympere
quasi quadraginta miliaria; et ibi est domus et ecclesia Grecorum,
ubi mulieres corupte non possunt venire nisi moriantur; et eciam
in eadem insula latrones statim moriuntur. Castellum Sympere
vocabatur quondam Tharsis, ubi commorantur milites sancti
Johannis, et ibi canes magnos qui custodiunt vigilias extra castrum
per noctes, et cognoscunt Christianum a Sarazeno; et ibi est lapis
super quem steterunt tres reges Colonie, quando accipiebant naves
ad patrias suas. In Grecia est insula vocata Carquy, ubi sanctus
Nicholaus erat natus; et ibi instrumenta occupata inter lapides non
minuuntur, sed durant cum patre et filiis sine renovacione; et hec

insula pertinet domino de Rodys, et non habent ibi de fructibus nisi ficus, et de granis nisi ordeum, et colunt ibi terram cum instrumentis ferreis, et ibidem in civitate Lyddon erat sanctus Nicholaus natus, et ibidem est cathedra in qua sedebat quando docebat pueros. Capadocia, ubi sanctus Georgius erat natus, est in capite Dalmacie et in fine Albanie, et est provincia magna, et civitas in qua erat natus vocatur Alexo. Caput sancti Georgii est in insula que vocatur Archipelagus, in civitate Leiana in castro, et cerebrum ejus palpitat in capite suo, et Leiana et Archipelagus sunt sub dominio Venetorum. Civitas in qua Sanctus Georgius erat natus vocatur Lesse, que est grandis civitas. Inveni in antiqua legenda apud Cande in Creta de martirio sancti Georgii, in fine, sic: Acta sunt hec in provincia Capadocie apud civitatem Militenam sub Daciano, cujus uxor vocabatur Alexandria et ante sanctum Georgium martirizata pro fide nostra. Item ibidem habetur, quod ad orationem sancti Georgii coram Daciano resuscitabat a mortuis ccxxxv. corpora paganorum, que mortua erant per ducentos annos ante, et eos baptizabat et statim post conversi sunt in pulvere. Item ibidem habetur, quod coram Daciano ter bibebat venenum, et non fuerat lesus, et statim dator veneni conversus erat et baptizatus. Item habetur in legenda sanctorum, quod sanctus Georgius pervenit quadam vice in provinciam Libie in civitate que dicitur Sylena, juxta quam civitatem erat stagnum ad instar maris, in qua draco pestifer latitabat. Eciam in civitate Damasci est quedam columpna altitudinis unius cubiti, albi coloris, super quam sanctus Georgius posuit pedem suum, quando ascendebat super equum suum ut pugnaret contra draconem. Item uno miliario a Baruth, qui est portus Damasci, est caverna, ubi draco latitavit quem sanctus Georgius interfecit: item Rome in ecclesia sancti Georgii est ferrum lancee, cum quo interfecit draconem: item in Venecia apud abathiam sancti Georgii est brachium sinistrum cum omnibus digitis et densa cute.

Superscripcio litere Saladini ad dominum Rodys.

Honorandissimo columpne baptismatis et Christianitatis amico regum et principum domino de Rodys, quem Deus salvet et manu teneat.

Tenor litere Saladini.

Ex parte magni imperatoris regis excellencie fortis sapientis et excellentis ensis mundi. Adque justicie imperatoris Maureorum et Mauretaure amici boni et bonitatis. Injuriarum et Injuriatorum defensoris, quemadmodum fuit Alexander tempore suo servitor duarum sacrarum edium, Imperatoris Universi et obedientis Chalyfe, Abnysac, et Jacmysac, cuju· dominacionem salvet Deus et manu teneat.

Hic nota que sunt in Terra Sancta et in aliis locis.

Rose Jerico crescunt per totam viam, per quam ibat beatissima Virgo Maria in Egiptum, et mulieres Sarazene utuntur istis in partu puerorum. In civitate Nazareth est ymago Gabriel, ex parte posteriori impressa in columpna lapidea sicut in sigillo, in capella ubi salutavit Virginem Mariam; et quando radii solares in vespere tangunt vestigium capitis Angeli, tunc est hora, in qua Christus conceptus est ex beatissima Virgine Maria. Est eciam ibi fons aque, ad quam veniebat Christus ad querendum aquam matri suæ beatissime. Eciam uno miliari a Nazareth est mons vocatus mons saltus Domini, ubi Judei precipitabant Christum, in quo monte est lapis grandis, qui recepit Christum ac si projiceretur in argilla humida.

Notabilia de Bethleem.

Super tugurium Domini in Bethleem, ubi Christus natus erat, morabatur Ysay sive Jesse, pater regis David, qui postea erat domus regia; post mortem David erat stabulum pro mulis et camelis conducendis; postea ponebant ibi ligna non vendita in foro, et eciam asinos in eodem loco; postea, cum vendiderant ibi panes in foro, panes ponebant in illo sancto tugurio, et ideo Bethleem vocatur Domus panis. Sed temporibus nativitatis Domini ista domus fuit totaliter destructa, ita quod in ipso loco penitus nil remansit nisi parvum et vile tugurium; ad quod Maria et Joseph venerunt in crepusculo; quia cum ad Bethleem venerant omnia hospicia erant occupata, quia circuibant civitatem et nullus eos hospitari volebat. Et specialiter, cum homines vidissent Mariam juvenculam super asinum itinere lassam, gementem, suspirantem, et gravidam, partuique vicinam, in tota civitate nullus eam in tectum domum vel hospicium recipere voluit, unde Joseph Mariam in illud tugurium duxit, de quo nullus homo curavit. Locus ubi pastores videbant angelos distat a Bethleem per dimidium miliare illius patrie; ibi patriarcha Jacob custodiebat, et eciam David, et ipse ibi eripiebat oves suas a faucibus ursi et leonis. Item circa festum nativitatis Domini apud Bethleem ordeum incipit habere spicas in agris; et illud tempus vocatur Tempus ad herbas, in quo tempore animalia illuc ducuntur ad pascendum. Eciam inter ipsos pannos, quibus Christus fuit involutus, fenum et camisiam beatissime, quam in presepe dimiserat oblita quando cum Jesu de tugurio fugit metu Judeorum. Hec omnia sancta Helena in ipso presepio tam recenter invenit, prout virgo beatissima ibidem oblita dimisit; que omnia, excepto presepio, ad ecclesiam sancte Sophie in Bisanciam reverenter collocavit post annos Domini ccxxxiv. Quomodo hec omnia erant reservata erat, quia Judei habuerunt locum illum in odio, et ideo noluerunt permittere neque homines neque animalia intrare per totum illud tempus; quia reputabant locum illum pro maledicto et profanato, et omnem intrantem pro contaminato. Item beatissima Virgo sedebat super presepe, quando reges veniebant ad offerendum, et manu dextera caput Christi levabat, et reges ponebant munera in presepe. Et asserunt quidam libri, quod sicut reges fuerunt primitive gencium in fide, ita eciam erant primitive gencium in virginali dignitate, qui eciam Domino ex gentibus virginalem dignitatem optulerunt.   Item sunt in ecclesia Bethleem lxx. columpne.   Eciam reges quando offerebant Christo primo osculati sunt terram ante presepe, postea manum Christi, et tunc optulcrunt munera.   Item stella, que ducebat reges ad Bethleem, inter parietes ante speluncam in qua Christus fuit natus se demersit.   Nota eciam, quod villa, in qua habitant Greci juxta Bethleem, vocatur Betisilla; et ipsi ibi habitantes habent a Soldano potestatem sive licenciam convertendi Sarazenos ad fidem nostram.   Est eciam unum miliare a Bethleem sepulcrum Rachelis uxoris Jacob, sepulcrum decorum valde.   Emaus vocatur Nicopolis, et situatur in Palestina septem miliaria a Jerusalem, ubi Christus cognitus erat in fraccione panis a discipulis.   Ramatha, civitas Helkane et Samuel, situatur in regione Cananitide juxta Diaspolim, in qua est civitas Lidde, ubi sanctus Georgius erat decapitatus.   In civitate Damasci est quoddam foramen, per quod sanctus Paulus transivit quando Judei persequebantur eum, quod nunquam postea potuit claudi; eciam est unus mons conjunctus civitati Damasci, in quo monte Cayin occidit fratrem suum Abel; et postea ille mons remansit aridus, et nunquam ex quo crevit super eum herba.   Item in plano de Boarci, qui est inter Barioth et Damascum, fuit archa Noe facta; et in valle propinquo illo plano erat vinea plantata per Noe, de qua fuit inebriatus.   Item prope Barutum est unum campanile sancte Barbare magne altitudinis, super quod Mauri pagani ascendunt ad clamandum pro aliis ut veniant ad orationes suas, et ipsi qui clamant virtute sancte Barbare cadunt a campanili et moriuntur, ita quod nulli pagani audent ulterius ascendere.   Item in civitate Alexandrina, que est in regno Egipte, sunt due columpne, supra quas posite erant rote, inter quas rotas posita erat sancta Katerina; et sub istis columnis est carcer, in quo carcere sancta Katerina posita erat, cujus hostium nunquam postea potuit claudi per paganos; et per foramen illius carceris, quod adhuc est ibidem, angeli ministrantes sancte Katerine cibum intrabant. In eadem civitate est strata, super quam pagani trahebant sanctum Marcum ad mortem; et eciam est ibidem ecclesia, ubi sanctus Marchus erat sepultus. Etiam uxor Maxencii marterizata cum sancta Katerina ibidem vocabatur Nichostrata.

De duabus reliquiis ubi sunt.

Cingulum beatissime Marie, quod miserat sancto Thome Indie, in monte Oliveti est, in castello Prati, decem miliaria a Florentia, et est de filo lineo, et habet in medio filum aureum, et nescitur cujus coloris est, et habet in finibus pendicula per que potest cingi. Ad Acon sive Aquis granis est camisia beatissime Marie, et caliga sancti Joseph crocei coloris, in qua positus erat Christus pre frigore, quando jaceret in presepe. Greci lapidem ostendunt Constantinopoli de Jerusalem translatum, super quem dicunt beatam Virginem in passione Christi flevisse et planxisse, et pre doloris vehemencia corruisse; in quo, ut dicitur, videntur apparere vestigia lacrimarum ejus quasi recencia. Super pavimentum capelle Calvarie, ubi Christus crucifixus erat, est scriptum in litteris Grecis, *O Theos*, id est, hic Deus, *basileon ymon*, id est, rex noster, *pros eonas*, id est, ante secula, *ergase*, id est, operatus est, *sothias*, id est, salutes, *emose tis*, id est, in medio, *gys*, id est, terre. Sub Calvaria est Golgotha, que est capella Nubianorum, quam ipsi edificabant, quia ibi Melchior eorum rex erat in caligine et nebula cum venerat ad offerendum Domino nato in Bethleem. Pons supra Danubium fluvium, ubi Eraclius pugnabat cum Cosdroe, est prope castrum Surene in confinio regni Hungarie. In Newrenberke, civitate Almanie super fluvium Dannubii ultra Reynysborow, est totum ferrum lancie, cum qua Christus pendens in cruce vulneratus erat in corde; et tota illa pars, que erat in corde Christi, est sanguinei coloris, et altera pars illius coloris cujus coloris sunt alie lancie, et est similis lancie aprine; et est sub custodia xxiiij. dominorum, et quilibet eorum habet clavem ciste in qua illa lancea custoditur.

De lancia Christi.

R 2

De pipere. Ut sciamus ubi piper nascitur, crescit, et habetur, est sciendum quod
in quodam imperio, vocato Mynbar, crescit piper, et non alibi;
nemus vero in quo crescit continet octodecim dietas. In quo
nemore sunt due civitates, una vocatur Flandrina, et alia Gynglyn.
In civitate Flandrina habitant Christiani et Judei, inter quos est
bellum, in quo Christiani habent triumphum. In hac autem con-
tracta habetur piper isto modo. Nam primo in foliis oleris crescit,
que folia juxta magnas arbores plantantur sicut vites in Ytalia.
Hec folia producunt fructum, ut racemi uvas producunt; in tanta
vero quantitate producunt, quod quasi frangi videtur. Cum autem
piper est maturum, est viridis coloris, et vindemiatur sicut uve,
ponendo ipsum in sole ut desiccetur, in vasis collocatur. In illo
nemore sunt multi serpentes. In capite hujus nemoris est civitas
vocata Polumbum, in qua crescit optimus cinziber. In insula Jane
crescunt gariofoli, cucube, mellegete, nuces, et muscate, et multe alie
specie preciose. In regno Crete crescit malmasetum. In insula
Motyn in Gresia crescit Romney.

De nominibus diversorum locorum in Terra Sancta et alibi.

Salym est oppidum ultra Jordanem. Gazer, nunc Gazera vocata,
est inter Joppen et Ramatha. Nabaioth est vallis in Ramatha.
Vallis Beerino vel Tophet est juxta agrum Acheldemack. Vallis Josaphath habet tria nomina, vallis Sabe, vallis Regia, et vallis
Josaphath, a rege Josaphath ibi sepulto. Ex una parte istius vallis
est mons Oliveti et vallis Syloe. Sunt eciam duo Bethleem, una in
terra Juda, ubi Christus natus erat, et alia in terra Zabulon. Est
eciam quadruplex Galilea, super montem Oliveti ubi precedebat
apostolos in die Pasce, alia est Galilea in tribu Zabulon, alia est
Galilea gencium in tribu Neptalym, quarta est provincia Galilee,
et ut putatur tetrarcha Galilee, in qua est villa vocata Cana, ubi
Christus convertebat aquam in vinum. Sunt eciam in Terra Sancta

tres portus, Joppen, Acres et Baruth. Joppen est portus Ramatha et Jerusalem; Acres est portus Nazareth; et Baruth est portus Damasci,

De regibus Christianis Terre Sancte.

Post annum Domini M.lxxxix. primus rex Christianus erat Godofridus, dux Latariensis, tempore Urbani pape. Secundus erat Eustrachius, frater Baldewyny comitis de Roiheise. Tercius rex erat Baldewynus. Quartus rex erat Fulco, comes Andagavencium, tempore Honorii pape. Quintus rex erat Guydo, et ultimus rex Jerusalem Christianorum. In cujus tempore erat sancta crux Christi et Terra Sancta capta a Saladino, anno Domini M.c.lxxxvij. mense Octobris, tercia die, D. litera Dominicalis, die Sabati, et tradita in manus nephandorum. Anno Domini M.lxxxxix., idus Julii, feria sexta, Jerusalem a Christianis erat capta, et dux Lotoriensis Godefridus ab omni exercitu in regem est electus. Anno Domini M.c.lxxxvij. primo die Maii incipiebat obsidio Terre Sancte et eodem anno tercio die Octobris erat Jerusalem capta a Sarazenis; et sic in manibus Christianorum erat per lxxxix. annos, in quorum temporibus erat patriarcha Jerosolimitanus, et archiepiscopi et episcopi; archiepiscopus Tirensis, archiepiscopus Nazarensys, episcopus Lyddensis, ubi sanctus Georgius erat decollatus, episcopus Acon, episcopus Sydonyensis, et multi alii episcopi. Erant eciam in Terra Sancta comites diversi; comes Joppensis, comes Tripolis, magister Hospitalis, magister Templariorum, et alie dignitates. Sed cum civitas Jerusalem capienda a Sarazenis, propter divisionem ibidem inter Christianos pro rege eligendo, anachorite, heremite, armati pugnabant pro civitate Jerusalem; quo tempore dictum erat a rege Syrie, Ego a sapientibus viris Alpichinis frequenter audivi, Jerusalem non posse mundari, nisi sanguine Christianorum lavetur.

De aliis locis in Terra Sancta.

Dotaym est prope Jerusalem, et eciam cisterna Joseph; Modyn eciam est prope Jerusalem; Silo distat a Jerusalem duo miliaria; Castellum Ernaldi tria miliaria; Emaus septem miliaria. Prope Emaus est mons Gelboe: mons Gazarim et mons Ebal sunt in montanis Judee. Maledoym est, ut putatur, mons in via ubi homo cecidit in latrones, et est in communi via inter Jerusalem et Jerico.

Nomina nacionum Paganorum.

Turci, Cordini, Syri, Arabes, Alani, Cucumanni, Caffeohaki, Ydumei, Sarazeni, Egipcii, Liemanni, Turtmanni, et Bedwyny. Isti duo ultimi vivunt de rapinis, et non utuntur domibus neque castellis. Papa paganorum vocatur Chalaphus de Baldach, que est civitas edificata prope magnam Babyloniam. Saladinus in literis suis scribit, Anno adventus prophete nostre Macometi ccccclxxxiiij^{to}; gratia Dei solius. In nigra civitate insule Raboch de Catey commoratur papa Catey qui vocatur Babassy.

De dubiis motis rerum in terra et eorum solucionibus, per magistrum Willelmum Wey.

1ª questio.

2ª questio.

3ª questio.

Inprimis, Cujus coloris est foramen sancte Crucis? Respondetur quod est albi coloris. Querebatur ulterius, Utrum columpna ad quam Christus ligatus erat in domo Pilati sit respersus guttis sanguineis Jhesu Christi? Respondetur quod non, sed vestigia aculeorum scorpionum, cum quibus Christus flagellatus erat, remanent in columpna. Quesitum erat de lampade super sanctum sepulcrum Domini, qui solebat toto anno ardere usque ad diem Parasceues, quo die extinguebat se et nullus poterat eum accendere; sed, cum venerat hora resurrectionis dominice, illuminabat se; sed jam non sic facit, quia jam sancta fides nostra est ibidem extincta; sed dicitur

quod in die Pasce ignis descendit de celo et cadit super sepulcrum
Domini. Querebatur ulterius de valle Josaphath, quod vallis ipsa 4ᵗᵃ questio.
vocabatur vallis Josaphath quia rex Josaphath ibi sepultus erat,
quod est contra Sacram Scripturam, que dicit quod sepultus est in
sepulcro patrum suorum vel inter patres suos, quod verum est. Ad
istud respondetur, Quod primo post mortem suam erat in illa valle
sepultus, et tunc post vallis accepit nomen pro sepultura sua ibidem:
in libro descriptionis terre Jerosolimitane scribitur, quod in valle
Josaphath sub acuta piramide rex Josaphath tumulatus fuit; sed
post sepulturam suam ibidem translatus erat ad montem Syon, et
appositus ad patres suos. Quesitum erat de sepultura sancti Joseph, 5ᵘ questio.
sponsi Marie; et respondetur, Quod sepultus erat in una cava
montis Oliveti, secundum Bedam de situ Terre Sancte. Sepultus est
eciam ibidem sanctus Symeon senex, qui habuit Christum in ulnis
suis, cujus corpus jam requiescit integrum in Jarra, civitate
Dalmacie. Item in dextera parte camere, ubi Christus sudavit
sanguinem, est lapis insertus parieti, in quo vestigia genuum Christi
sunt impressa.

Queritur ulterius de longitudine et latitudine vallis Josaphath; et 6ᵘ questio.
responsum erat, Quod fuit in longitudine trium stadiorum et dimidii,
in cujus medio secundum latitudinem est sepulcrum beatissime
Marie Virginis in ecclesia rotunda.

Quesitum eciam erat, Quantum distabat caverna in qua Christus 7ᵃ questio.
sudavit sanguinem a domo Anne pontificis, quia ad domum ejus erat
ductus primo postquam captus erat. Responsum erat, Quod erat
spacium sex stadiorum. Quesitum erat ulterius, Quantum distat
mons Calvarie a templo Salamonis, in quo ministri templi audiebant
vocem Christi clamantis in morte, *In manus tuas commendo
spiritum meum.* Responsum erat, Quod distat a templo per spacium duorum stadiorum et dimidii. Quesitum erat ulterius, Utrum
vestigia pedum Christi ascendentis in celum sint in monte Oliveti,
pro tanto quod pars dextri vestigii pedis Christi monstratur in die
ascensionis apud Westmonasterium. Responsum erat, Quod duo
vestigia pedum Christi quando ascendebat in celum sunt ibi in

lapide marmoreo jacente super terram; sed vestigium dextrum potest melius videri et persepi [sic] quam vestigium sinistrum.

Eciam quesitum erat, Ubi rex David et alii reges Judeorum sunt sepulti. Responsum erat, Quod erant sepulti in monte Syon in sinistra parte ecclesie, vocate Ecclesia scale Marie ad celum, ubi Fratres Minores cotidie celebrant divinas laudes. Quesitum eciam fuit, Ubi est mons Syon, super quem coronatus erat Salamon. Responsum erat, Quod est extra Jerusalem per semimiliare, et est parvus mons situatus inter Acheldemack et viam que ducit ad Bethleem, et vocatur jam domus mali consilii, quia ibi Judei habuerunt consilium, quomodo traderent Dominum nostrum Jhesum.

Ulterius quesitum erat, Ubi lapis ille est, super quem corpus Domini nostri Jhesu Christi jacuit mortuum, et super quem involutum erat pannis, antequam tradebatur sepulture. Responsum erat, Quod est apud Constantinopolim. Quesitum erat ultimo, Ubi sunt partes columpne, ad quam ligatus erat in domo Pilati quando erat ibi flagellatus. Responsum erat, Quod una pars est in capella beatissime Virginis in templo Jerusalem infra cratem ligneam, alia pars in monte Syon, et tertia pars in Constantinopoli.

Longitudo terre promissionis est a fonte Dan usque ad civitatem Bersabee versus austrum secundum Jeronimum, et continet in longitudine 160ta miliaria, et ejus latitudo est a Joppe usque ad Jordanem versus occidentem, et continet in latitudine 60ta miliaria.

In tabula ista sequenti continentur omnia in mappa Terre Sancte.

Capella sancte Marie in Sardinia, mons Hermon, Baalgad, hic saturavit Christus quinque milia. Terra Amon, Introitus Emath; hic Christus dixit, *Saule, quid me persequeris?* Damascus, Siria Damasci, fluvius Jordanis, Obba, fons Dan, Belmas, Suba, turris Libani, Antelibanus, fons Jor, fluvius Eufrates, fluvius Farsan, fluvius Albana, Asor, Cananea, mons ante Libanum, Sveta, Tribus, Zabulon, locus ubi sanctus Georgius occidit Draconem, Baruch, portus Sydon, vallis Bechare, Sydon magna, Bosra, Ydumea, mons

Samyr, Regio Trachonitidis, fons Phalan, Terra Hus ubi Job morabatur, sepulcrum Job, mare vocatum Mare Capharnaum, civitas principalis illius partis, Tabula ubi Christus saturabat quatuor milia hominum, Bethsayda, Cedna, Sopheth, Tribus Asser, Tetrarcha Galilee, Tabernaculum Heber, Abelma, vallis Senyn, Cabul, Naason, Thooron, ubi sanctus Georgius cecidit et effectus est cecus, Cana Galilee, fluvius Euchetus, Tyrus, Puteus aquarum vivencium, Balus fluvius, Sarepta Sydoniorum, Adalon, Casa Lamberti, Cedar, mons Galaad, dimidia Tribus Manasse, Decapolis, Coroasym, Godora, Goroca, Ramathy Galaad, Effrem, Saltus Effrem, Mare Galilee, Pella; hic Jhesus ambulabat, hic Petrus cepit mergi. Neptalym, Magdalum Castrum, Castrum Tele, Belynder, Suna, Bethsay, Tyberias, Affech, Gyscallo, ubi Paulus natus erat, Dotaym, Genereth, Caphersebe, vallis Sabee, Jesrael, mons Tabor, Naym, sepulcrum Jone, mons Saltus Domini, lapis recipiens Christum in monte Saltus, mons Hermon major, mons Hermon minor, Tribus Neptalym, Nazareth, Sephora, Endor, Torrens Syson, Acris, Acron, et Tholomeyda, ubi Helias occidebat sacerdotes Baal, Capella sancte Margarete, Castrum Peregrinorum, Caynar, mansio Helie, Cavea beate Virginis, mons Caym, Cayphas, mons Carmelus, fons Helie. Hic finitur Finicia. Mons deserti, Panicea, Tribus Gad, Anatoth Kyre, Esebon, Nasan, Manaym, Jabes Galaad, Tribus Reuben, Helyale, Bochemath, Jaser, Socohoch, Ernon, vadus Jaboth; hic Esau occurrebat fratri suo Jacob. Mons Garazym, Dan quondam Lachys, Vallis Illustris, Salym, Tersa, Bethel, mons Ebal, Ernon, Tribus Ysacar, Silva ubi aves moriuntur pro Christo in Dominica Passionis, Dimidia Tribus Manasse, Samaria, Beryth, mons Gelboe. In istis montibus terminatur Galilea et incipit Samaria. Sychym est in medio Terre Sancte. Fons Jacob, Ganyn, Cesaria, Magedo, Cato, Peregrinus cum scuto, Sarchan, Hay, Effeton, Arcopolis, angelus apparuit Joachim, locus Ascensionis Christi, capella Pellagie, Galgala, Fecolis, Docom, locus indulgenciarum Galilee, Bethfage, Rama, Beniamyn, Phasel. Torrens Berith, Betel, Palma ad Virginem,

s

Credo, Pater noster, locus fletus Christi, Natatorium Syloe, locus ubi Christus predicabat, Sepulcrum Isaye, Astaroth, Lebua, Betheron, ubi Maria misit cingulum suum sancto Thome apostolo; hic requiescebat beatissima Maria inter staciones; Gabaa Savelis, locus amputacionis auricule Malchi, Mons Oliveti, Caverna discipulorum, Fons beatissime Marie, locus traditionis, locus primus dormicionis apostolorum, Sepulcrum Zakarie filii Barachie, locus secundus dormicionis apostolorum, Sepulcrum Absalonis, camera sudacionis Christi, Neapelosa vel Sekar, fons Jacob, Suspensio Jude traditoris, castrum David, Taumascere, Archam, vallis Josaphath, Torrens Cedron, sepulcrum beatissime Marie, locus lapidacionis Stephani, Dora vel Assur, Tribus Benjamyn, Sepulcrum Josue, mons Effraym, Arran, Salym, mons Phasga, mons Abarym vel Nebo, sepulcrum Moysy, Setyr, locus baptismi Christi, domus Georgitarum, Jordanus fluvius, virge Moysy, locus ubi diabolus ostendebat Christo omnia regna mundi, Mons Quarentene, ibi dixit diabolus, *Dic ut lapides isti panes fient;* Viridarium Acheldemack, spelunce Sanctorum, Domus mali consilii, Aque Marath, mons Syon, ubi Salomon erat coronatus, lapides super quos Christus stabat quando dampnatus erat a Pilato, domus Pilati, domus Herodis, domus Symonis, locus ubi voluerunt rapere corpus beatissime Marie, porta per quam Christus ibat ad passionem suam, camera fletus Petri, Templum Christi, domus Anne, Betania, locus sudarii, locus fletus mulierum, domus Divitis, Trivium, Jerusalem civitas, sancta strata per quam Christus ibat ad passionem suam, domus Cayphe, Piscina, locus ubi beatissima Maria zincopizavit, Templum Domini, monasterium Syon, locus nativitatis Marie, Templum Salamonis, scola beatissime Marie, locus eleotionis Mathie, mons Syon, domus beatissime Virginis, Ecclesia sancti Jacobi, hic virgo beatissima respiciebat ad Calvariam; Porta Aurea, Cariatharym, Aramatha, Sylo, Betulia, Maceda, Gabaon, Sarona, Tribus Effraym, Castrum novum, Campestria Moab, Newrym, Ornaym, mons Phasga, Petra Deserti, monasterium sancti Jeronimi, monasterium

Carieth, monasterium Sebbe, mons Engaddi, in quo David latuit, arbor sicomorum quam Zacheus ascendebat, capella Johannis Baptiste, Jericho civitas, fons Engaddi, locus sanacionis ceci, locus nativitatis Johannis Baptiste, Thana, ubi stella apparuit regibus, ubi aqua ebulit in Epiphania, Montana Judee, domus sancte Marthe, Ecclesia ubi beata Maria salutavit Elizabeth, sepulcrum Rachel, ubi Martha occurrebat Christo, domus Symonis, mausoleum Lazari, lapides cavati sub pedibus Christi, fons ubi Philippus baptizavit Enuchum, sepulcrum Machabeorum, Nabe, Geth, Saraha, Emaus, iocus ubi crescebat crux Christi, Bethsames, Ramatha, mons Modyn, vallis Nabaioth, Beroith, Lidda, portus Jaff, portus Janua, Tersa, ubi Petrus suscitavit Tabitam, petra super quam Petrus stabat ad piscandum, Statua salis, fluvius Amon, Scopuli fluvii, Cades-Barne, Bethsur, Tribus Juda, Segor, Angelus ad pastores, Magedo, Sodoma, Mare Mortuum, Bethcar, mons Mable, civitas Bethleem, Ebron, Ygnapera, monasterium Bethleem, Soboym, hic beatissima Maria descendebat de asino; Vallis Mambre, fons Etan, Sicheleth, sepulcrum Patriarcharum Abraham, Ysaac, et Jacob, Tribus Dan, Sylo, Tribus Symeon, Eskabel, Oeschaol, Campus Damascenus, Caperna Acharon, Azon, spelunca Odella, Aschalon, mons Hor, mons Seyr, sepulcrum Aaron, Terra Edom, Sodoma, Adama, Soboym, Segor, Gomorra, desertum Cades, Montes Achille, Assamar, Maon, Cariathsepher sive Thabor, mons Carmely, fons viventis, Tribus Symeon, Bersabee, desertum Bersabee, montes Gaze, Gaza lugham, desertum Pharan, Turres Bozor, fluvius Rinoconoro, mons Synai, mons Oreb, Taurens Castellum, monasterium sancte Katerine, Rubus ardens, ortus sancti Honoriferi, Macaria, Terra Egipti, Agulia, altissima vinea Balsami, ficus Pharaonis, Ecclesia sancte Marie, Nova Babilonia, Zacca, Galachia, Saris, Bilbes, Alariff, Catria, Alchamchi, ffrasturi Butoli, Dampnata Summutł, duodecim vie in Mari Rubro, Mecha, civitas Machameti, Mare Rubrum, locus ubi populus Israel adorabat vitulum, Helym, ubi erant duodecim fontes aquarum, Suachym, monasterium sancti

s 2

Pauli, Pevssayr, civitas Cayr, via ducens ad Ethiopiam, Choos civitas, monasterium sancti Antonii, flumen Nyly, insula auri, Piramides dominorum Paganorum Babilonie, Fuga, ecclesia in Arabia, Vruth, columpna altissima Alexandrina, magna Salme, Shericon, Rashero, mons in civitate Alexandrie, Portus Vetus.

Nomina civitatum, opidum, moncium, vallium, marium, per literas Alphabeti in mappa mea de Terra Sancta.

A.

Aser
Abelma
Adalon
Affech
Acris vel Acon
Ætholomeida
Anathot Kyre
Astaroth
Arcopolis
Archam
Ascol
Arran
Aramathia
Acharon
Ascalon
Azotus
Azon
Adama
Assamar
Alryff
Alchanchi
Alexandria Magna
Arabia
Antelibanus
Angelus apparuit Joachim
Acheldemach

Angelus apparuit pastoribus
Agulia altissima
Arbor sicomorum super quem Zaccheus
    ascendebat

B.

Baalgad
Belmas
Baruth portus
Bosra
Betsayda
Belynder
Basan
Bochemath
Bethel
Bethfage
Betel
Betheron
Betunia
Betulia
Bethsame
Berioth
Bethsur
Betachar
Bersabe
Bilbes
Butole

C.

Cananea
Capharnaum
Cedua
Cabul
Cana Galilee
Casa Lamberti
Cedar
Castrum Tele
Cenereth
Caphersebe
Castrum Peregrinorum
Caynon
Cavea beate Virginis
Cayphas
Ceroafym
Cesaria
Cato vel Manachat
Cariatharim
Cades Barne
Catria
Choos
Capella Marie in Sardinia
Capella sancte Margarete
Capella Pellagie
Credo compositus ab Apostolis
Caverne ubi discipuli abscondebant se
   in passione Christi
Caverna ubi Christus sudavit sanguinem
Castrum David
Camera fletus Petri
Campus Damascenus
Campestria Moab
Capelle sancti Johannis Baptiste
Columpna altissima

D.

Damascus
Dotaym
Docom
Dora
Dan
Decapolis
Damiata
Domus Georgitarum
Domus Mali Consilii
Domus Pilati
Diabolus ostendebat Christo omnia
   regna mundi
Domus Herodis
Domus Symonis
Domus sancte Anne
Domus divitis epulatoris
Domus Cayphe
Domus beatissime Virginis
Deserta Tecue
Domus sancte Marthe
Desertum Bersabee
Desertum Pharan
Duodecim vie in Mari Rubro

E.

Effraem
Endor
Esebon
Efleton
Ernon
Emmaus
Estahol
Ebron
Escabel
Ernon
Escol

Eleale
Ezaw occurrebat Jacob
Ecclesia sancti Jacobi
Ecclesia ubi beatissima Maria salutavit
 Elizabet
Ecclesia beatissime Marie in Egipto
Ecclesia in Arabia ubi umbra Christi
 sanctorum et sanctarum apparent in
 muro in die Ascensionis Christi

F.

Fenicca
Fetolis
Frascuri
Fuga
Fluvius Eufrates
Fluvius Abbana
Fluvius Farfan
Fluvius Jordanis
Fluvius Eucletus
Fluvius Balus
Fluvius Arnon
Fluvius Marath
Fluvius qui ebbulit in die Epiphanie
Fluvius Rinoconora
Fons Dan
Fons Jor
Fons Phalan
Fons Helie
Fons beatissime Marie
Fons Jacob
Fons Enguddi
Fons ubi Philippus baptissavit Eunuchum
Fons Etau
Fons Viventis
Fertilis planicies
Ficus Pharaonis

G.

Georgius occidit draconem
Godora
Goroca
Giscallo ubi Paulus erat natus
Genny
Georgii Sancti
Galgala
Gezer
Gabaon
Gabaa Beniamym
Gylo
Gabaa Saulis
Gomorra
Galilea
Gaza

H.

Hay
Helyale
Helias occidebat prophetas Baal
Hic predicavit Christus
Hic requiescebat beatissima Maria
Hic beatissima Maria respiciebat ad
 Calvariam
Hic occurrebat Martha Christo
Hic beatissima Virgo descendebat de
 asino
Hely ubi erant duodecim fontes aqua-
 rum et septuaginta palme

J.

Jesrael
Jabes Galaad
Jerusalem civitas
Jerico

Janua portus

Introitus Emath

In saltu Effraym ubi erat prelium contra Absalonem

Incipit Vallis Illustris

In istis montibus terminatur Galilea

Ibidem die ut lapides

Insula auri in Egypto

L.

Lobua

Lidda sive Diaspolis

Lapis recipiens Christum in monte Saltus Domini

Lapides in muro super quos Christus stabat quando judicatus fuit ad mortem

Locus fletus Christi super Jerusalem

Locus indulgentiarum in monte Oliveti

Locus ubi Petrus amputavit auriculam Malchi

Locus ubi Christus fuit traditus

Locus primus dormicionis Apostolorum

Locus lapidacionis sancti Stephani

Locus ubi Judei voluerunt rapuisse corpus beatissime Virginis

Locus electionis sancti Mathee

Locus ubi Christus dixit mulieribus Avete

Locus ubi Christus predicabat

Locus fletus mulierum

Locus ubi mulier habuit sudarium

Locus ubi beatissima Virgo sincopizavit

Locus nativitatis beatissime Marie

Locus nativitatis sancti Johannis Baptiste

Lapides cavati sub pedibus Christi in 'Betania

Locus baptismi Christi

Locus sanacionis ceci in Jerico

Locus ubi crescebat Sancta Crux

Locus ubi filii Israel adorabant vitulum aureum

M.

Magdalum castrum

Mansio Helye

Manaym vel Macherenta

Maceda

Modyn

Magedo

Macedo

Maon

Mobe sive Nobe

Mecha civitas

Machometi

Mons Hermon

Mons Antolibanus

Mons Semyr

Mons Galaad

Mons Thabor

Mons Saltus Domini

Mons Hermon major

Mons Hermon minor

Mons Cayn

Mons Carmelus

Mons Deserti

Mons Garazim

Mons Ebal

Mons Gelboe

Mons Oliveti

Mons Effraym

Mons Phasga

Mons Abarym sive Nabe

Mons Quarantene ubi Christus jejunavit 40ᵗᵃ diebus

Mons Syon ubi Salomon fuit coronatus

Mons Syon

Mons Calvarie

Mons Moria

Mons Engaddi ubi David latitabat a Saule

Montana Judee

Mons Modyn

Mons Mable

Mons Hor ubi Aron est sepultus

Mons Seyr

Mons Carmely

Montes Achille ubi David latuit pro Savele

Mons Gaze

Mons Synay

Mons Oreb

Mons in Civitate Alexandrie

Mons Maro prope Damascum

Mare Galilee, Senereth sive Genazereth

Mare Mortuum

Mare Egeum

Mare Tirrenum

Monasterium Syon

Monasterium Careth

Monasterium Selbe

Monasterium Bethleem

Monasterium Katerine

Mausoleum Lazari

Monasterium Antonii

N.

Naason

Neptalym

Naym

Nazareth

Neapulosa

Newrym

Nebo

Neescol

Nova Babilonia

Natatorium Syloe

O.

Olba

Ornaym

P.

Pella

Panicia

Phasael

Petra deserti

Pevsavr

Portus Vetus

Puteus aquarum vivencium

Palma adducta ad beatissimam Virginem per angelum in Monte Oliveti

Pater Noster erat doctus a Christo in Monte Oliveti

Piscina in Jerusalem

Porta Aurea

Petrus suscitavit Tabitam a morte

Portus Jaff vel Joppen

Petra in Mari Tirreno super quam Petrus stabat piscando

Piramides dominorum Babilonis

R.

Regio Traconitidis

Ramath Galaad

Rama Beniamyn

Ramatha

Rorcero

Rubus ardens

S.

Sardinia capella beatissime Marie
Syria Damasci
Suba turris Libani
Sueca
Sydon
Sydon **Magna**
Sopheth
Sarepta Sydonie
Svna
Sephora
Sochoth
Salym
Samaria
Sychim
Sarcham
Sethyr
Silo
Sarona
Segor
Sodoma
Seboym
Sarraha
Sychelegh
Salachea
Sarys
Svmmit
Suachym
Salmochericon
Sepulcrum Job
Sepulcrum Jone
Sepulcrum Josue
Sepulcrum Jhesu Christi
Sepulcrum Ysaye
Sepulcrum Zacharie
Sepulcrum Absalonis
Sepulcrum beatissime Marie

Sepulcrum Machebeorum
Sepulcrum Rachel
Sepulcrum Patriarcharum
Sepulcrum Aaron
Sepulcrum Moysi
Saturabat Christus quatuor milia
Silva ubi aves moriuntur pro Christo et
    iterum resurgunt
Suspencio Jude
Spelunce sanctorum in monte Syon
Spelunce sanctorum in monte Oliveti
Stella apparuit regibus via ad Bethleem
Strata per quam Christus ibat ad passio-
    nem suam
Scota beatissime Maria
Statua salis uxoris Loth
Spelunca Odolla ubi Adam plangebat
    mortem Abel centum annis

T.

Tyrus
Thoron
Tyberias
Tersa
Tampuascere
Tecua
Taperna
Taurus Castellum
Terra Amon
Terra Hus
Terra Edom
Terra Egipti
Tetrarcha Galilee
Tabernaculum Heber
Tabula
Templum Christi
Torrens Syson

T

Torrens Bereth
Torrens Cedron
Torrens Boser
Tribus Zabulon
Tribus Asser
Dimidia Tribus Manasse
Tribus Neptalim
Tribus Gad
Tribus Ruben
Tribus Ysacar
Tribus Beniamyn
Tribus Effraym
Tribus Dan
Tribus Symeon

V.

Vruth
Vallis Bechare
Vallis Senyn
Vallis Sabae

Vallis Achor
Vallis Nabaioth
Vallis Mambre
Vallis Josaphath
Vadus Jaboth
Virgo beatissima misit cingulum sancto
    Thome in Monte Oliveti
Virge Moysi crescunt prope Jordanem
Viridarium sub Quarentena
Vinea balsami
Via ducens Ethiopiam

X.

Xtus dixit Saule, Quid me persequeris?

Y.

Ydumea
Ygnpara

Z.

Zalla

Distancie locorum in Terra Sancta.

Miliario secundo a Damasco est locus in quo Christus apparuit Saulo.

Miliario 4° a Bethsayda est Coroazym.

Miliario quinto a Coroazim est Cedar.

Miliario 2° a Capharnaum est descensus montis in quo Dominus predicabat turbis.

Miliario 2° a Genazeret est Magdalum castrum.

Miliario 2° a Magdalo Castro est Tyberiadis.

Miliario 10° a Tybariade est civitas Nazareth, in qua Christus conceptus fuit.

Miliario 2° a Nazareth est Sephora, civitas que ducit ad Acon Acris sive Tholomayda.

Miliario 4° a Nazareth, 2° a Sephora, est Cana Galilee.

Miliario uno a Nazareth est mons Saltus Domini.

Miliario 4° a Nazareth contra orientem est mons Thabor, ubi Christus transfiguratus erat.

Miliario 2° a Thabor est Naym, supra Naym est mons Endor, ad cujus radicem est torrens Syson. In descensu hujus montis Melchisedech obviavit Abrahe. Miliario 2° a Thabor est mons Hermon.

Miliario 4° a Naym est Jesrael civitas.

Miliario uno a Jesrael sunt montes Gelboe, ubi Saul et Jonathas erant occisi.

Miliario 2° a Gelboe est civitas Neapolis que Bethsay dicitur.

Miliario 5to a Jesrael est Geminum oppidum.

Miliario 10° a Gemino opido est Samaria, que jam Sabaste dicitur, ubi sanctus Johannes Baptista decollatus erat.

Miliario 4° a Sebaste est Neapolis, que et Sychim dicitur, quam emit Jacob ab Emor et dedit Joseph filio suo, et est ibi fons Jacob.

Miliario uno a Sychym est Dan, ubi fuit vitulus aureus.

Miliario uno a Sychym est Bethel, ubi fuit alius vitulus. Miliario 20° a Sychyn, 4° a Jerusalem, est via que ducit Liddam sive Dyaspolym, et est ibi mons Sylo que est prope Aramathiam.

Miliario 22° a Lydda, 24° a Sychym, 16° ab Ebron, 24to a Jerico, 6to a Bethleem, 36to a Bersabee, 24to ab Ascalon, 34to a Joppen, 24° a Ramatha, est Jerusalem sanctissima metropolis Judee que et Syon.

Miliario 18° a Jerusalem est Modyn, et 8° a Modyn est Lydda.

Miliario 4° a Jerusalem est opidum in quo morabatur Zakarias pontifex.

Miliario 24° a Jerusalem contra boriam est Jerico.

Miliario 2° a Jerusalem est Betania, et a Betania ad montem Oliveti duo miliaria.

Miliario 28° a Jerusalem est Sebaste que Samaria dicitur.

Miliario 5° et dim. a Jerusalem est Rama Beniamyn.

Miliario 3° a Jerusalem est Anatoth opidum Jeremie.

T 2

Miliario 2° a Jerusalem est Sylo.

Miliario uno a Bethleem refulsit stella pastoribus.

Miliario 2° a Bethleem est sepulcrum Rachelis.

Miliario 3° a Bethleem, 2° a Tecua, est locus ubi maxima pars Innocentum sepeliuntur.

Miliario 6° a Bethleem est Tecua opidum et ipsa habundat pascuis.

Miliario 20° a Bethleem est Ebron.

Miliario 20° ab Ebron est Bersabee.

Miliario 10° ab Ebron est locus Aspalti, qui est Mare Mortuum.

Miliario 8° a Nazareth est mons Cayn.

Miliario 3° a Cayn est mons Carmely.

Miliario 16to a Nazareth contra Mare Galilee est Genazareth, vicus
in quo Christus misit legionem demonum in porcos.

Miliario 16to a monte Carmeli contra Meridiem est Cesaria Palestine.

Miliario 8° ab Acon est mons Carmely.

Miliario 14° a Carmelo est cavea beatissime Marie.

Miliario 2° a cavea est Cesarea Palestine.

Miliario 21° a Sabaste est mons Thabor.

Miliario 20to a Bethania est Quarentena.

Miliario 6to a Quarentena est Jordanis fluvius.

Miliario 2° a Jerico est Galgal.

Miliario 7° a Jordane est Galgal.

Miliario 2° a Jerico est mons Quarantene.

Longitudo Terre Sancte est a fonte Dan usque ad civitatem Bersabee versus austrum secundum sanctum Jeronimum, et continet in
longitudine 160ta miliaria.   Et ejus latitudo est a Joppen usque ad
Jordanem versus occidentem, et continet in latitudine 60ta miliaria.

Nomina Greca, et locucio Greca.

Bonum mane, *Calomare*

Bona nox, *Calonurte*

Bene venisti, *Calosertys*

Sede, *Catze*

Dic mihi viam, *Diziximostrata*

Cum bona voluntate, *Mitte caras*

Veni istuc, *Elado*

Da mihi istud, *Doysime tutt*

Transi viam, *Ame*

Statim, *Ligora*

Fer michi, *Ferine*

Quid dicis, *The leys*

Ne intelligis, *Apopoukistis*

Dominus tecum, *Otheos metasane*

Mea Domina, *Kyrias ne*

Ubi est taberna, *Ecke canavte*

Quo vadis, *Popasy*

Vis tu, *Thelisalo*

Porta istud, *Ferto do*

Non, *Oche*

Ita, *Nesche vel Nee*

Deus salva, *Theos zasse*

Grates, *Spolate*

Habete, *Exe*

Quantum, *Posso*

Mea domins, *Mo kyra*

Bona dies, *Caloporne*

Bonum sero, *Caloespera*

Bona nox, *Cany3thera*

Da mihi panem, *Doyso ipsomo*

Porta mihi panem, *Ferto do ipsomo*

Porta istuc vinum, *Ferto do crasse*

Porta istuc aquam, *Ferto do nero*

Deus miserere, *Kirieleyson*

Christe miserere, *Chrisicleyson*

Domina salua, *Kiria chere*

Sal, *Alasse*

Appyl, *Mela*

Butirum, *Sotir*

Carnes, *Creas*

Lac, *Gala*

Casium, *Tyri*

Ova, *Onaga*

Portus, *Grony*

Pisses, *Ipsaria*

Mutones, *Provido*

Galline, *Oryngha*

Anca, *Pappia*

Musculis, *Midea*

Ostria, *Ostridea*

Vinum acre, *Acide*

Pira, *Pydea*

Candela, *Kyri*

Ciphus, *Cuppa*

Petrocilium, *Colomynde*

Allium, *Sorda*

Sepe, *Cromidea*

Ignis, *Fotya*

Uve, *Stephyle*

Sotulares, *Papasche*

Calige, *Calche*

Camisia, *Camisa*

Caleptra, *Talkia*

Ficus, *Fige*

Potaguim, *Fayto*

Discus, *Crucia*

Denarium, *Cartesa*

Totum, *Pan*

Luna, *Mene*

Vivencia, *Zoa*

Animata, *Sichea*

Quatuor, *Arbe*

Civitas, *Cariath*

Villa, *Thas*

Salvator, *Pontificanech*

Exodus, *Elsomath*

Rex, *Basileos*

Equs, *Epos*

Equs velox, *Ypodromos*

Agnus, *Agnon vel Assidor*

Vnctus, *Messias*

Ovis, *Probatos*

Servare, *Philaxe*	Fel, *Colen*
Pater, *Pater*	O mater, *O thysc*
Mare, *Thalassa*	Dei, *Thera*
Nigrum, *Melam*	Habeas, *Ethegis*

Indulgencie in curia Romana.

Sanctus Silvester et Sanctus Gregorius in suis cronicis scribunt, quod Rome olim fuerunt mille quingente et quinque ecclesie, ut patet in isto metro,

Sunt Rome mille quingenta quinque capelle,

quarum pars major corruit et per paganos est corrupta. Tunc sunt adhuc ecclesie quadringenta et lxvij. et secundum aliquos quadringenta lxxvj. Ex quibus omnibus ecclesiis sancti fratres septem ecclesias capitales elegerunt, que septem ecclesie alias excedunt dignitate et indulgencia et sanctitate, et dicuntur regales quia a summis pontificibus et imperatoribus sunt constructe. Et sunt hec, videlicet,

Prima ecclesia capitalis est Sancti Johannis Latranensis, que est suprema et principalis omnium ecclesiarum totius mundi. In qua singulis diebus xlviij. anni sunt indulgenciarum et totidem carene et remissio tercie partis omnium peccatorum.

Item Silvester papa et papa Gregorius ecclesiam dictam consecraverunt. Que antea domus et palacium erat Constantini imperatoris. Dixit Constantinus, Sancte pater, domum meam ac palacium Dei ad honorem tribui et in laudem sancti Johannis. Pater Sancte, confer domui huic tuam gratiam et indulgentiam. Tunc respondit papa dicens, Qui a lepra te mundavit, hic mundat omnes homines qui hanc visitaverint domum cum attentione et cum potestate sanctorum Apostolorum Petri et Pauli. Hoc demonstrat Bonifacius, dicens, Si homines scirent gratias et indulgencias ecclesie Sancti Johannis Latranensis, nullus hominum iret ultra mare ad Jherusalem et sepulcrum Domini. Item in dedicatione ecclesie est remissio omnium peccatorum a pena et a culpa. Item ibi est gradus quidam; quicunque eum ascendit vel descendit, illi omnia peccata remittuntur. Item ibi est una capella que dicitur Sacrista, in qua est altare super quo beatus Johannes ultimam suam devocionem explevit in deserto.

Item ibi est archa veteris testamenti. Item et mensa super quam Christus cum suis discipulis ultimo cenavit. Item virga Moysi et Aaror.

Item in summo altari jacent capita sanctorum Petri et Pauli. Et quando monstrantur ibi tunc magne sunt indulgencie. In capella ad sancta sanctorum nulla audet intrare mulier; et in eadem est facies Christi sicut fuit xij. annorum, quam ymaginem beatus Lucas depingere voluit et tunc obdormivit; eo evigilante ymago per angelos fuit completa. Item ymago eadem nunquam mutata fuit ab ignis ardore quia dicta ecclesia bivies per paganos est combusta.

Item ibi est caput Zacharie patris Johannis Baptiste. Item purpureum vestimentum Jhesu Christi.

Item sudarium Jhesu Christi. Item Titus et Vespasianus reliquias ecclesiarum trans mare secum portaverunt cum suis stipendiariis.

Secunda ecclesia capitalis est ad Sanctum Petrum sita in monte qui Vaticanus dicitur; item ibi est gradus quidam quem quis ascendit vel descendit cum attencione sui cordis a quolibet gradu habet vij. annos indulgenciarum.

Item in dicta ecclesia sunt centum et quinque altaria. Ex quibus altaribus sancti patres septem altaria capitalia exceperunt que singularibus privilegiata sunt gratie et indulgentie pre aliis altaribus. Et ibi eciam corporaliter sancti jacent.

Item ibi sunt omni die xlviij. anni indulgenciarum et totidem carene et tercie partis remissionum peccatorum. Item in dedicatione altarium dictorum sunt xlviij. anni indulgenciarum duplum sicut ante scriptum est, et durat ad octo dies.

In festo Pascali et in diebus offertoriis in die nativitatis Christi et in die Omnium Sanctorum sunt mille anni indulgenciarum. Item primum altare capitale est Symonis et Jude, qui supra eodem jacent altari.

Secundum altare est Sancti Georgii, in quo jacet corpus ejus. Tercium est Leonis pape. Quartum est beate Virginis, in quo cotidie missa canitur. Quintum est sancti Andree. Sextum est sancte Crucis, et ibi nulla audet ingredi mulier. Septima est ad sanctam Veronicam. Item quodlibet altarium dictorum habet cotidie xl. annos indulgenciarum et totidem carenas et remissio tercie partis omnium peccatorum. Item in cena Domini et in die Annunciationis beate Virginis sunt mille anni indulgenciarum et totidem carene et remissio tercie partis omnium peccatorum. Item in spelunca cotidie xiiij^{cim} c. anni indulgenciarum. Item Rome jacent octo corpora sanctorum Apostolorum et medietas corporum sanctorum apostolorum Petri et Pauli et medietas alia ad sanctum Paulum et utrobique in summis altaribus. Item ibi jacet sanctus Bonifacius. Item sanctus Johannes Crisostomus. Item Processus et Martinianus. Item Petronella et xiij. milia sanctorum Martirum. Item ibi tot sunt corpora sanctorum, que cognita sunt soli Deo, quia ab homine numerari non valent. Item dum fit monstracio Veronice Romani iij. milia annorum habent pro indulgencia. Sed circum morantes ad vj. milia annorum. Sed qui per montana et valles et per mare habent xij. milia annorum pro indulgentia et totidem carenas et remissionem tercie partis omnium peccatorum.

Item in introitu dicte ecclesie sunt sex porte, de quibus una est clausa, et hec est vera porta aurea.

Tercia ecclesia capitalis est ad sanctum Paulum, et ibi cotidie sunt xlviij. anni indulgenciarum et totidem carene et remissio tercie partis omnium peccatorum. Item in die ejus sunt mille anni; item in conversione ejus centum anni; item in die Innocentum eciam centum anni; item in dedicatione ecclesie, que est octava die post Martinium, mille anni indulgenciarum et totidem carene et remissio tercie partis omnium peccatorum.

Item qui ecclesiam dictam visitaverit per integrum annum singulis Dominicis diebus tantam meretur gratiam quam si iret ad sanctum Jacobum in Galliciam; item expertum est a multis hominibus, quod, qui biberit de tribus fontibus, ab omnibus liberatur infirmitatibus; item ibi est baculus sancti Pauli; item una crux, que sancte Brigide locuta fuit; item ibi est biblia, quam sanctus Paulus scripsit; item multe alie reliquie; item porta aurea; item multi Innocentes, quos Herodes jussit occidi.

Quarta ecclesia capitalis est ad sanctum Laurencium, et ibi cotidie sunt xlviij. anni indulgenciarum, et totidem carene, et remissio tercie partis omnium peccatorum. Item papa Pelagius dictam ecclesiam consecravit; item in die, qua sancti martires Laurencius et Stephanus martirizati sunt, lxxx. anni indulgenciarum et totidem carene, et remissio tercie partis omnium peccatorum et a pena et a culpa; item dicti martires jacent in summo altari; item ibi est lapis, super quo sanctus Laurencius fuit assatus; item, qui visitaverit dictam ecclesiam per annum integrum singulis quartis feriis, animam liberat de purgatorio; item ibi est spelunca et porta aurea, et plures reliquie alie. Eciam ibi prope altare requiescunt corpora sanctorum Sixti, Ypoliti, cum aliis xl. martiribus. Item Pelagius papa predictas indulgencias dupplicavit in Quadragesima.

Quinta ecclesia capitalis est ad sanctam Mariam majorem, et ibi sunt xlviij. anni indulgenciarum, et tot carene, et tercie partis omnium peccatorum remissionem, in Quadragesima duplum; item in festivitatibus Beate Marie Virginis c. anni datum a papa Gregorio. Item in predicta basilica requiescunt quinque integra corpora; item corpus sancti Mathei apostoli, quod sub lapide porphirii est locatum, et corpus sancti Luce evangeliste; item corpus sancti Jeronimi; item corpora sanctarum Virginum Romule et Redempte juxta altare sancte Agathe; item panniculus Jhesu Christi, super quo fuerat positus; item de feno, super quod dominus noster Jhesus Christus fuerat positus, quando jacuit in presepio; item de ligno sancte Crucis, in quo pependit Christus Jhesus Salvator noster; item reliquie Cosmi et Damiani.

Sexta ecclesia capitalis est ad sanctum Sebastianum; et ibi angelus locutus fuit sancto Gregorio in missa, dicens, *Hec est vera*

U

remissio omnium peccatorum, lux et splendor sine fine; et hic meruit
sanctus martir Sebastianus cum suo martirio; item ibi sunt cotidie
mille anni indulgenciarum et totidem carene, et remissio tercie
partis omnium peccatorum; item in eadem ecclesia est tanta gratia
quanta est ad sanctum Petrum, propter dignitatem sanctorum Petri
et Pauli, quorum capita longe et quasi lxx. anni ibi latuerunt.
Item papa Silvester et Gregorius Allexander, et papa Nicholaus,
concesserunt, quilibet seorsim, mille annos indulgenciarum; item in
dicta ecclesia jacent xlviij. episcopi et martires, quorum quilibet
seorsim magnas tribuit indulgencias; item ibi est una spelunca
nuncupata sancti Kalixti cimiterium, et, qui eam pertransit cum
devocione, illi indulgentur omnia sua peccata. Et ibi multa corpora
sanctorum sunt, que nullus hominum numerare nequit nisi solus
Deus. Item in antiquis Romanorum libris scriptum est, quod in
una Dominica in Maio ibi sit remissio omnium peccatorum a pena
et culpa; item ibi est unum vestigium Jhesu Christi in lapide
marmoreo.

Septima ecclesia capitalis est ad sanctam Crucem; et ibi cotidie
xlviij. anni indulgenciarum et totidem carene et remissio tercie
partis omnium peccatorum. Item in altari summo jacent Ana-
stasius et Rasius; item filia Constantini imperatoris, que dictam
ecclesiam jussit ob sancte Crucis honorem et ad laudem sancte
Helene.

Item papa Silvester dictam ecclesiam consecravit, et concessit
ei cccliij. annos indulgenciarum omnibus diebus Dominicis; item
ibi sunt duo ciphi, unus plenus sanguine Jhesu Christi et alter
plenus lacte beate Marie virginis; item et spongia, cum qua acetum
et fel porrectum fuit Jhesu Christo in cruce. Item et duodecim
spine de corona Domini nostri Jhesu Christi; item in altari summo
est pars una de sancta cruce; item brachium latronis dextri crucifixi
cum Christo. Item ad capellam, que Jerusalem vocatur, nulla audet
ingredi mulier nisi semel in anno; item ibi est remissio omnium
peccatorum, etc.

Secuntur Indulgencie et reliquie aliarum ecclesiarum urbis Rome.

Item ad tres fontes, ubi sanctus Paulus fuit decollatus, erumpebant tres fontes, qui in hodiernum largissime fluent, sunt tria milia annorum indulgentiarum. Et ibi prope est ecclesia sancti Anastasii, cum multis reliquiis et indulgenciis privilegiata, juxta quam est una capella, que dicitur Scala celi, ubi sunt ossa sanctorum decem milia militum, cum magnis indulgenciis privilegiata.

Item in ecclesia beate Marie Annunciationis sunt lxxvij. anni indulgencie, et in eadem est remissio omnium peccatorum. Et omnes, qui devoti venient ad istam ecclesiam, fulgura et tonitrua, coruscationes et ignis supercelestis eis nunquam nocebit.

Item in ecclesia beate Marie Aura Celi sunt omni die mille anni indulgenciarum, ubi primum altare est constructum, sub quo requiescit sancta Elena. Item est ibidem una venerabilis figura beate Virginis, quam sanctus Lucas depinxit, fulgens in multis miraculis. Item in ecclesia Marie de Populo sunt cccc⁰ anni indulgencie et tot quadragene, et ibi est alia ymago beate Virginis, quam sanctus Gregorius ibidem portavit, manibus beati Luce depicta, cum multis aliis reliquiis et indulgenciis. Item in ecclesia beate Marie Rotunde sunt omni die ccc. anni indulgenciarum, et in die Omnium Sanctorum, quando hec ecclesia fuit consecrata, tunc est ibi remissio omnium peccatorum.

Item in ecclesia Marie None sunt cc. anni indulgencie, et ibi eciam est una ymago beate Marie virginis per unum Romanum deportatum de Grecia, quam, ut dicitur, sanctus Lucas depinxit.

Item in ecclesia beate Marie fontis Olive, ubi fons olei erumpebat in nocte nativitatis Christi, sunt indulgencie de septem pontificibus, de quolibet vij. anni indulgencie et vij anni quadragene. Item in ecclesia beate Marie, juxta pontem sancti Angeli, stant columpne ad quas ligati fuerunt sancti apostoli Petrus et Paulus; sunt centum anni indulgenciarum. Item in capella beate Marie Libera nos a penis inferni, ubi draco subtus ligatus est a beato Silvestro, sunt ix. milia annorum indulgenciarum. Item in ecclesia beate Marie de Portico est venerabilis ymago beate Marie, que venit de celo coram beata Galla, filia Sinachi consulis, quando prandebat hujus monasterii patrona, que statim domum suam in ecclesiam beate Marie ordinavit, et predictam ymaginem in lapide zaphiro ibidem ponere fecit, sicut in hodiernum diem cernitur, sunt plures indulgencie. Item in ecclesia beati Bartholomei infra pontes, ubi est corpus suum et corpus sancti Paulini et Alberti et Superacii, cum multis aliis reliquiis supra summum altare, que ibidem videri possunt ipsa die et die palmarum ad vesperas, sunt vij. milia annorum indulgenciarum, et ibi est puteus in quo jacuerunt corpora Bartholomei et Paulini per multos annos.

Item in ecclesia sancti Petri in Vinculis sunt cathene cum quibus ligatus fuit sanctus Petrus in Jerusalem prima die Augusti, est ibi remissio omnium peccatorum a pena et culpa. Item in ecclesia sancti Silvestri est caput beati Johannis Baptiste, cum multis aliis reliquiis; sunt mille anni indulgenciarum. Item in ecclesia sancte Praxedis virginis, ubi est pars columpne ad quam ligatus fuit Dominus noster Jhesus, ubi sunt ij. milia annorum indulgenciarum; item sunt ibi sepulti ccc. martires et xxij. sancti presbiteri, cum multis aliis reliquiis que ibi omni die videri possunt.

Item in ecclesia sancte Potenciane virginis sunt mille anni indulgenciarum, et ibi eciam est scamnum super quo sedebat Christus cum discipulis suis in cena, et ibi eciam est puteus, in quo sancta Potenciana portavit sanguinem de ccc. martiribus.

Item in ecclesia sancte Viviane virginis requiescunt tot milia martyrum qui fuerunt trucidati a Domitiano, ubi sunt ix. milia anni indulgenciarum; et ibi est caput sancte Viviane, et herba crescens quam ipsa plantavit, et valet contra caducum morbum.

Item in ecclesia beatorum Viti et Modeste est lapis super quo mactati fuerunt predicti martires, cum aliis multis reliquiis; sunt c. anni indulgencie.

Item in ecclesia sancti Martini in montibus, ubi in alta est, requiescit sanctus Silvester cum multis aliis reliquiis, sunt cc. anni indulgencie.

Item in ecclesia sancti Laurencii in Carceribus, ubi est puteus in quo beatus Laurencius baptizavit Ypolitum militem et Lucillam, sunt centum anni indulgencie.

Item alia est ecclesia sancti Laurencii in Polisperna, ubi est fornax in quo assatus fuit, cum multis aliis reliquiis ; sunt centum anni indulgencie.

Item alia est ecclesia sancti Laurencii in Lucina, ubi est magna pars craticule, et cathene cum qua ligatus fuit, cum multis aliis reliquiis, et magnis indulgenciis privilegiata.

Item alia est ecclesia sancti Laurencii in Dammaso, que cum multis reliquiis et indulgenciis eciam est privilegiata.

Item in ecclesia sancti Nicholai in Carcere, ubi fuit carcer Tulliani, ubi eciam sunt plures reliquie, sunt cc. anni indulgenciarum.

Item in ecclesia sancti Alexii, ubi adhuc est scala sub qua jacuit sanctus Alexius per xvij. annos ignoranter suis parentibus et sponse sue, sunt 77 anni indulgenciarum.

Item in ecclesia sancte Sabe, quam edificavit mater sancti Gregorii, sunt centum anni indulgenciarum ; et ibi adhuc jacent corpora Titi et Vespasiani, qui propter Christum Jhesum destruxerunt.

Item in ecclesia beati Gregorii, quam ipse pro se construxit, et ubi se monachum fecit, sunt quamplures reliquie, et sunt ibi mille anni indulgencie. Et est ibi foramen, in quo ipse jacuit per multos annos, ubi eciam plures indulgencie concedantur.

Item in ecclesia sancti Petri in Carceribus, ubi adhuc est puteus ex quo biberunt, et lapis super quo sedebant sancti Dei apostoli Petrus et Paulus, est tercia pars scilicet omnium peccatorum remissio.

Item in ecclesia sanctorum Cosmi et Damiani, ubi ipsi requiescunt cum multis aliis reliquiis, sunt mille anni indulgenciarum.

Item in ecclesia sancti Gregorii, ubi est caput ejus et lancea cum qua interfecit draconem, et vexillum suum,. et de sanguine ejus, sunt 77 anni indulgencie.

Item in ecclesia xij. apostolorum, ubi in summo altari fuerunt recondita corpora sanctorum Philippi et Jacobi, et in alio altari corpus sancte Euphemie Virginis, et ibi adhuc videtur pes Philippi apostoli in carne et ossa, cum multis aliis reliquiis, sunt 77 anni indulgenciarum.

Item in ecclesia sancti Johannis ante portam Latinam, ubi sanctus Johannes fuit positus in oleo, est liberacio unius anni in illa die.

Item in ecclesia sancte Agnetis extra muros, ubi ipsa requiescit, et sancta Constancia filia Constantini, cum multis aliis reliquiis.

Item alia est ecclesia intra viij. Agnetis in agone, ubi ipsa passa est et posita in prosabulo, ubi est camisia quam angelus Domini portavit de celo, et cooperuit eam quando nuda erat, cum multis indulgentiis privilegiata.

Item in ecclesia sancte Cecilie, ubi et ipsa requiescit cum Valeriano sponso suo, cum multis aliis reliquiis, sunt cccc. anni indulgencie.

Item in capella quo vadis, ubi Dominus occurrit beato Petro, ubi adhuc apparent vestigia ejus, sunt c. anni indulgencie. Item in ecclesia sancti Mauiei est brachium sancti Cristofori, cum multis aliis reliquiis; sunt mille anni indulgencie.

Sunt eciam Rome quatuor ecclesie sancti Salvatoris, et quatuor sanctorum Angelorum. Sunt diverse ecclesie beate Marie Virginis: scilicet, beate Marie de Puteo, beate Marie de Scola Greca, beate Marie de Manu, beate Marie de Gracia, beate Marie de Via, beate Marie in Molendinis, beate Marie in Grutta Piuncta, beate Marie Minerve, beate Marie in Campo, beate Marie Possibilia, beate Marie de Aqua Salina, que cum multis reliquiis et indulgenciis et signis sunt privilegiate beate Marie inviolate. Sunt eciam Rome plures ecclesie apostolorum et evangelistarum: scilicet, beati Jacobi prope Transtiberim, et beati Jacobi de Tigario juxta Mariam de Populo, et beat.

Jacobi de Scossia in burgo sancti Petri; et ecclesia beati Petri in Monte, ubi fuit crucifixus; et ecclesia sancti Pauli in Regula; et ecclesia sancti Thome; et ecclesia sancti Andree; et ecclesia sancte Marie; et ecclesia sancti Barnabe; et ecclesia sancti Luce, que eciam cum multis reliquiis et indulgenciis sunt privilegiate, etc.

Sunt eciam Rome plures ecclesie sanctorum martirum: scilicet, tres ecclesie sancti Stephani; et ecclesia sancti Eustachii, ubi ipse requiescit cum uxore et duobus filiis; et ecclesie sancti Adriani et Crisogoni, et Juliani militum; et ecclesia beatorum Johannis et Pauli; et ecclesia sancti Vitalis; et ecclesia beatorum Petri et Marcellini; et ecclesia sanctorum Nerei et Achillei; et ecclesia quatuor Coronatorum; et ecclesia sancti Sebastiani; et ecclesia beatorum Tyri et Jer.; et ecclesia beati Saturnini; et ecclesia sanctorum Simplicii et Faustini; et ecclesia sancti Panthalionis; et ecclesia sancti Pangracii, extra muros, que eciam cum multis reliquiis et indulgenciis sunt privilegiate.

Sunt eciam Rome plures ecclesie sanctorum Confessorum: scilicet, tres ecclesie beati Martini; tres sancti Blasii; et ecclesia sancti Apollinaris; et ecclesia beati Anthonii; et ecclesia beati Eusebii; et ecclesia beati Celsi, ubi est pes Marie Magdalene et digitus sancti Nicholai; et ecclesia sancti Leonardi; et ecclesia sancti Clementis; et ecclesia sancti Sixti; et ecclesia sancti Ciriaci; et ecclesia sancti Marcelli; et ecclesia sancti Augustini, Ambrosii, et Jeronimi, et Benedicti, que eciam cum multis reliquiis et indulgenciis sunt privilegiate.

Sunt eciam Rome plures ecclesie sanctarum Virginum : scilicet, tres ecclesie beate Marie Magdalene; tres ecclesie beate Katerine; et due ecclesie beate Barbare; et due ecclesie beate Agathe; et ecclesia sancte Lucie; et ecclesia sancte Dorothee in Transtiberim, ubi ipsa requiescit; ecclesia sancte Viviane; et ecclesia sancte Balbine; et ecclesia sancte Prisce; et ecclesia sancte Anastasie; et ecclesia sancte Susanne; et ecclesia sancte Bergiate; et ecclesia sancte Felicitatis; et ecclesia sancte Elizabeth; et ecclesia sancte Petronille; et ecclesia sancte Clare; et ecclesia sancte Cristine; cum pluribus aliis ecclesiis, ubi in hodiernum diem celebrantur misse, que eciam cum multis reliquiis et indulgenciis sunt privilegiate.

Sunt eciam Rome diversa monasteria diversorum ordinum, tam monachorum quam monialium, et diversa hospitalia omnium nacionum, ut est hospitale Sancti Spiritus, ubi est tabula lapidea in qua scripsit Dominus noster decem precepta propriis digitis, cum multis aliis reliquiis, et indulgenciis et prodigiis sunt privilegiate.

Item omnes suprascripte indulgencie in Quadragesima duplicantur. Eciam si alieni accidit casus mortis in via peregrinacionis ingressu vel in regressu et omnibus peccatis suis mortalibus et venialibus veraciter est absolutus. Amen.

Itinerarium peregrinacionis magistri Willelmi Wey, sacre theologie
baccularii, quondam socii Collegii Regalis beatissime Marie
Etone ad sanctum Jacobum in Isparnya.

In nomine Dei mei, ego Willelmus Wey, socius Collegii Regalis
Etone, anno Domini M.cccc.lvj. divina inspirante gratia, et regis
mei Henrici Sexti et fundatoris licencia, Iter peregrinacionis
versus sanctum Jacobum in Compostella Hyspannie super me a
Collegio Regali vj. kalendas Aprilis arripui, et sic ad portum Plymmowthe ultimo die mensis Aprilis veni, ubi moram traxi usque ad
xvij. diem Maii. Quo die exibant simul de peregrinis sex naves,
una navis de Portysmowthe, alia Bristollye, alia de Waymowthe,
alia de Lymyngton, alia vocata Cargryne, et navys Plymmowthe
vocata Marywhyte; et eramus in mare usque ad xxj. diem mensis
Maii, quo die venimus ad portum Grwne circa nonam. Prima pars,
quam videbamus illius regionis Hyspannie, vocatur Ortyngez; secunda pars visa a nobis vocatur Cappryez, in cujus altera parte est
insula vocata Sesarke; et tercia pars visa vocatur turris Delavale.
Cum hec fuerunt visa, naute deponunt velum unum, et venimus ad
portum Grwne; deinde ad sanctum Jacobum in Compostela, vigilia
sancte Trinitatis. Ibidem audivi de ministris ecclesie illius Com-
postulane sancti Jacobi quod est unus archiepiscopus, et habet
sub se in eadem ecclesia septem cardinales, decanum, cantorem,
quinque archidiaconos, unum scholasticum, duos judices, et omnes
isti habent mitras et baculos. Sunt eciam illius ecclesie octoginta
canonici; sunt eciam duodecim porcionarii, et tres eorum habent
unam prebendam; sunt eciam duodecim porcionarii Spiritus Sancti
et quatuor duplarii. Isti cardinales et episcopi recipiunt in anno
quinquaginta ducatus; et si omnes fuerint residentes, Canonicus
recipiet per annum xx. ducatus: nec habent isti Cardinales
in choro amisias neque capucia penulata, sed tantum superpellicia.
In vesperis sancte Trinitatis erant sex rectores chori in capis rubeis,

et habuerunt in manibus longos baculos argento coopertos; et ipsi cantabant versiculum et *Benedicamus.* Duo cardinales mitrati cum . baculis pastoralibus et incensorio in manu dextra incensabant summum altare cum una manu, et similiter postea ministros in choro, in pontificalibus ornati. In processione ante missam in die sancte Trinitatis erant novem episcopi et cardinales in pontificalibus. Et quesitum erat a ministris illius ecclesie, an erant aliqui generosi Anglie, et cum responsum erat quod sic, ipsi ante omnes alias naciones electi erant, et rogati ut canepeum portarent super corpus Christi. Sex igitur erant presentes qui portabant canapeum, quorum quatuor hec sunt nomina, Austile, Gale, Lile, et Fulford. Archiepiscopus Compostelle sancti Jacobi habet sub se, citra eos qui sunt in ecclesia sua, xij.^{cim} episcopos; et sunt in toto regno tres archiepiscopi; primus, archiepiscopus Compostelle; secundus, archiepiscopus Sivile, que est magna civitas Hispannye; tercius est archiepiscopus Tollizane; et isti duo habent sub se canonicos et non cardinales. Oblaciones ad sanctum Jacobum in Compostella dividuntur in tres partes, unam habet archiepiscopus, aliam canonici, cardinales, et episcopi, et tercia ordinatur ad fabricam ecclesie. Deinde veni ad portum Grwne, ubi moram traximus per tres dies, quos expendimus in tribus, primo in communicacione cum Judeo per illas dies, et in die Mercurii habuimus processionem, et missam de Sancta Maria per notam, et in die corporis Christi habuimus processionem in ecclesia Fratrum Minorum, et postea sermonem in eadem ecclesiâ ab uno Anglico bakkulario sacre theologie, cujus thema erat, *Ecce ego, vocasti enim me.* Concludebat ex themate quod omnes Anglici presentes possent hec verba dicere ad sanctum Jacobum, scilicet, *Ecce ego, vocasti me, scilicet per Dei gratiam ut huc venirem et locum tuum visitarem.* Nec erat aliqua nacio, que habuit communicacionem cum Judeo, processiones, missam et sermonem, nisi Anglici. In portu Grwne erant de Anglicis, Wallicis, Hibernicis, Normannis, Francis, Britonibus, et aliis lxxx^{ta} naves cum topcastellis, et quatuor sine topcastellis; numerus navium Anglicarum erat xxxij. Exibamus a portu Grwne xxviij. die Maii, et habuimus ante nos et post navigantes in Hispannice maris, et sic iij. die Junii venimus iterum ad portum Grwne, et v^{to} die Junii iterum exivimus de Grwne ad mare et venimus ad Plymmowthe ix. die Junii. Prima pars Anglie percepta et visa a nautis nostris vocatur Browsam Rokke; secunda vocatur Long Shyppys, et sunt tres rokkys; tercia vocatur Popyl hopyl; quarta, Mowntysbay; quinta, Lizarda, de qua communiter dicitur,

Be the chorel neuyr so hard,
He shall quwake by the berde ar he passe Lyzarde.

Altissimus mons Hispannie vocatur Sturies, et semper habet super se nivem. Universitas Hispannie vocatur Salamantica. In Hyspannia sunt quinque regiones, regio Hispannie, regio Castelle et Legionis, regio Portingale, et iste sunt Christiane, regio Granate, et regio Balmarie; et iste due sunt regiones Sarazenorum, quarum regionum rex Granate Sarazenus captus erat a domino Henrico, rege Castelle et Legionis, anno Domini M.CCCC.lvj., quo anno accepit maximam civitatem Granate, vocatam Malaga, a qua veniunt ficus vocati *figis of Malike*, et habuit regem illum Sarazenum in suo regno in custodia, et scribit sub proprio suo sigillo civitatibus et villis illius et habitantibus in illis; et in signum victorie rex Castelle et Legionis mittebat ad sanctum Jacobum in Compostella coronam auream vel deauratam illius regis Granate; et hec corona posita erat super capud ymaginis sancti Jacobi sedentis in medio summi altaris die sancte Trinitatis anno Domini supradicto et anno indulgencie apud sanctum Jacobum. Eodem anno turris magna facta per Francos apud Burdowse ex campanile sancti Petri pro fortalicio eorum absorta erat a terra. Eodem anno unus de comitatu Somersetie, qui, propter magnam infirmitatem quam habuit, promisit visitare et peregrinare ad sanctum Jacobum, qui cum venisset ad portum Plymmowthe, venit ad me petentem consilium an posset reverti domum post votum factum metu mortis illius infirmitatis? Istam infirmitatem, ut sibi videbatur, evadere non poterat, et is igitur maluit mori domorsum quam versus sanctum Jacobum.

Dedi ei consilium ut iret ad sanctum Jacobum, et quod melius esset mori per illam viam quam domorsum propter indulgencias concessas peregrinantibus ad sanctum Jacobum. Isto consilio non obstante, arripiebat iter suum ad propriam patriam, et cum magna pena et dolore ibat una die viginti miliaria, et cum venerat ad hospicium ut ibi pernoctaret, sanus factus erat a sua infirmitate quam habuit per magnum tempus. Qui senciens se esse perfecte sanatum arripuit iter versus Plymmowthe et tantum transivit per spacium semediei proximi sicut fecit per integrum diem precedentem; et iterum ingressus est navem et veniebat ad sanctum Jacobum, et ego obviabam secum apud Grwne in domo Fratrum Minorum, et hec mihi nunciavit in die corporis Christi; et pecii an confessus erat de reversione sua domorsum, et dixit quod sic. Aliud miraculum; Unus de navi nostra habuit bursam absisam ab zona sua, et perdiderat jocalia et omnes pecunias quas habuit; statim promisit sancto Jacobo ut nudus visitaret eum si bona sua habere contingeret. Postquam hec promisit, unus Britonum, qui bursam suam scindebat, in absicione alterius burse captus est et bursa peregrini inveniebatur in sinu illius, et sancto Jacobo opitulante rehabuit; et statim nudus ad sanctum Jacobum iter arripuit sicut promiserat. Eo tempore navis in qua prius erat flante vento versus Angliam ducta erat, sed per quatuor dies ita in mare turbata erat quod naute eam ad portum Grwne adduxerunt, et post tres dies naute navigare ceperunt, et illum peregrinum prius spoliatum secum in nave habuerunt, quem prius in peregrinacione dimiserunt.

Cantus parvulorum Hyspannie saltancium ante peregrinaciones. pro blankys et splintris.

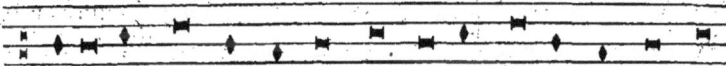

Sancte Jaco a Compostel da vose leve a votir tere,
Sancte Jaco bone baron de vose da de bon pardon,
Bona tempe, bona vye, bona vente, bon perpassi,
Da istys kee svnt assen vna brank a vowse curtese.

Hec subscripta audivi in Hispannia.

Noverint universi catholici fideles presentem litteram inspecturi ejusque seriem devotissime perpendentes, quod sanctissimus Apostolus Jacobus Zebedeus, divina gracia dispositus, in Hispanniam convolans, locum istum scilicet patrono eo vivente visitare dignatus est; et hoc, causa inserende et divulgande catholice fidei incredulo populo hic tunc commoranti; in quo enim loco predictus apostolus stetit, predicavit, et sermocinatus est, ad fidemque catholicam modicos reducens et convertit propter grandem heresim in eorum cordibus radicatam, et ideo iterum in Judeam reversus est, ibique in civitate Jherusalem passionem Christi eisque fidem sanctissimam predicando, Judeis videlicet et gentilibus ceterisque paganis, mortem subiit temporalem viamque universe carnis arripuit, amore Jhesu Christi Salvatoris nostri. Post mortemque ipsius, divina gratia ministrante, discipuli ejusdem apostoli corpus beatissimum assumpserunt, deferentesque ipsum ad quendam portum qui ibidem Joppen appellatur, in quo divina gratia repererunt quandam navem omnimode paratam; et in eadem imposuerunt corpus benedicti apostoli, et transfretantes cum magno gaudio, nomen Domini benedicendo, in septem diebus devenerunt in locum istum; qui enim locus portus proprie nominatur, in quo enim jam predictus apostolus fidem insinuaverat ut predixi, et hoc quia voluntas erat divina ut cuncta Hispannia propter ejus mortem in fidem fuisset instructa, ex quo in ejus vita non poterat esse conversa. Ipsique discipuli ejusdem apostoli advenientes in predictum portum et corpus sanctissimum de predicta nave per eos semotum non cessantes canere versum, *In mare vie tue et semite tue in aquis multis*, nomen Domini conlaudando, imposuerunt ipsum super unum lapidem, qui enim lapis modo nominatur Barcha, et recubuit predictum corpus super alium lapidem, qui ibidem fixus erat, qui enim modo Patronon nominatur; et statim predicti lapides in se miraculose receperunt predictum

corpus ; prior videlicet lapis effectus est concavus modum sepulcri,
alter vero eciam effectus est quasi sedes : et quia Romipete et peregrini visitantes corpus jam dictum frangebant predictos lapides et
deferebant eorum frusta, ex eoque mirabilia eis plurima vergebant,
et ideo lapis ille, qui puppis vel Barcha predicitur, in fluvium fuit
ejectus ; alter vero lapis, qui Patronon dicitur, impositus est infra
subtus altare beati Jacobi Patronensis, cujus amore villa Patronon
modo nuncupatur. Quamobrem sanctissimus papa Gregorius
tercius devotissime sanctitati cognicio veritatis innotuit, considerans
illum prosperum adventum vita et morte investigatum per pre-
fatum apostolum, et ut memoria predicti adventus non deperiret
et peregrinantes sui magni laboris premium attigissent, auctoritate
et sanctissimi pontificatus eidem et irrefragibiliter impensi, concessit universis et singulis vere penitentibus confessis elemosinam
aliquam largientibus cum de se aliquid possideant, feliciter et votive
visitantibus predictum locum et staciones ejusdem, videlicet,—In
ecclesia sancte Marie de Yria, que fuit una de primis ecclesiis tocius
Hispannie, in qua primus fuit factus episcopus, et fuerunt ibi viginti
et octo episcopi sancti qui in eadem sunt sepulti, et multe reliquie
sanctorum et sanctarum, et sunt eodem modo concessit omnibus
ibidem venientibus quinquaginta octo quadragesime indulgencie,
prout largius continetur in privilegiis dicte ecclesie.

Item in ecclesia sancti Jacobi Patronon, ubi subtus altare est
fixus dictus lapis qui dicitur Patronon, xx^{to} quinquaginta quadragesime. Item in loco ubi est Barcha xx^{to} quinque quadragesime.
Item in loco qui dicitur fons beati Jacobi, ubi ipse apostolus stetit
et predicavit in vita sua, xx^{to} quinque quadragesime ; et eciam
omnes predictas indulgencias concesserunt sancti patres apostolicii
visitantibus dicta loca carentibus oblectamentis cum nichil habentes
nichil donare possit. Sunt omnes indulgencie centum et xx^{ti} vj quadragesime indulgenciarum de penitenciis sibi injunctis.

Hee sunt reliquie que habentur in dictis locis.

Primo et principaliter sanctus lapis qui dicitur Patronus, super quem requiescit corpus beati Jacobi Zebedei, qui nunc stat subtus altare sancti Jacobi in ecclesia Patronensi.

Item sanctissima Barca, que est in flumine, ad quam vadunt peregrini et tangunt corporaliter in tempore estatis propter defectum aque et propter siccitatem fluvii.

In monte Patronon est fons ubi sanctus Jacobus fixit baculum suum, et magnus lapis, super quem stetit quando predicabat primo in Hyspannia.

Item hee sunt reliquie que habentur in ecclesia sancte Marie de Yria de Patronon. Primo in altari et capella sancti Martini sunt reliquie de tunica Domini nostri Jhesu Christi, et reliquie sancti Pauli et Sancti Andree apostolorum, et sancti Stephani, et sancti Saturnini, et sancti Romani, et sancti Ysodori, et sancti Emiliani, et sancte Leocadie, et sancte Eugenie, et hoc altare constructum est ad honorem sancte Marie et omnium sanctorum.

Hee sunt reliquie sequentes que habentur in ecclesia Compostolana, in qua requiescit corpus beati Jacobi Zebedei.—Primo et principaliter corpus beati Jacobi Zebedei, nepotis Virginis Marie, fratris beati Johannis apostoli et evangeliste, totum et integrum; item corpus beati Fructuosi episcopi; item corpus beati Athanasii; item corpus beati Cucufati; item corpus beati Theodori, discipuli ipsius Apostoli; item corpus beati Silvestri martiris, ipso Apostolo sociati. Item in thesaurario predicte ecclesie capud beati Jacobi Alphei Apostoli cunctis manifestissime demonstratur.

Hee sunt indulgencie concesse a sanctis patribus dicte ecclesie Compostellane.

Quicunque venerit in peregrinacione ad ecclesiam beati Jacobi Zebedei in quocumque tempore est ei remissa tercia pars omnium peccatorum suorum, et si veniendo, stando vel redeundo decesserit, habita penitencia de commissis, omnia sunt ei remissa. Item omnes, qui incedunt omnibus diebus Dominicis ad processionem ecclesie beati Jacobi, habent pro qualibet processione et sacratione quadraginta dies indulgencie, et sic per totam septimanam ; et si est festum, habent trecentos dies preter predictam indulgenciam tercie partis omnium peccatorum suorum. Item in vigilia sancti Jacobi, et in die et in festo dedicacionis ecclesie ejusdem, habent sexcentos dies tam in vigilia quam in die omnes in peregrinacione ibi concurrentes, ultra predictam indulgenciam tercie partis omnium peccatorum suorum.

Item omnes audientes missam ab archiepiscopo, episcopo, aut cardinali in altari sancti Jacobi habent ducentos dies indulgencie pro qualibet missa, ultra predictas indulgencias, que omnia predicta confessis peregrinis et vere penitentibus sancti Jacobi sunt concessa predicto modo per bullas sanctorum patrum sedis apostolice et confirmata. Item Calixtus papa concessit quod quando acciditur festum sancti Jacobi die Dominica, quod in toto illo anno ibi concurrentes in peregrinacione vere penitentes et confessi sunt absoluti a pena et a culpa. Item per bullam sancti Calixti pape, qui valde fuit devotus sancto Jacobo, conceditur omnibus peregrinis ecclesie Compostolane metropolitanensis in Galicia peregrinacionis causa venientibus, quod quando festum beati Jacobi acciditur die Dominica, quod in vigilia et in die habeatur plena indulgencia omnium peccatorum suorum, et sic per totum annum, incipiendo prima die mensis Januarii, usque ad ultimam diem mensis Decembris proxime future inclusive. Item per bullam predicti pape Calixti, que per successores suos est affirmata, conceditur et mandatur, quod, quicunque illas remissiones sive privilegia seu indulgencias predicte ecclesie Compostolane dubitaverint et firmiter non crediderint, majorem excommunicacionis sentenciam auctoritate apostolica sint incursuri. Confirmaciones indulgenciarum predictarum per dominum papam Innocencium secundum et Leonem sancte memorie et alios summos pontifices sunt confirmate et concesse. Item graciose est concessum eidem ecclesie Compostolane per summos pontifices, quod in festo ejusdem apostoli et in ejus translacione et in omni tempore, quicunque peregrinandi causa ad predictam ecclesiam accedere proposuerit, a die quo de domo sua viam arripuerit valeat eligere unum confessorem, qui ipsos peregrinos auctoritate apostolica eciam ab omnibus casibus papalibus veniendo, stando, vel redeundo absolvere valeat. Item continetur in dicta bulla, quod, si quis peregrinus venerit ad ecclesiam Compostolanam confessus et contritus in via stando vel redeundo discedat, ab omnibus suis peccatis sit penitus absolutus. Amen.

NOTES.

P. 88. This description of the humiliation of the Emperor Frederic Barbarossa before Pope Alexander III. is discarded as apocryphal by modern historians, with the exception of Daru. The historical events connected with the truce of Venice are narrated by Dean Milman (Latin Christianity, vol. iii. p. 535, &c.), and the authenticity of the story briefly discussed (p. 536, note).

P. 93. I am not satisfied with the identification of Axtis with Zante, suggested in the Introduction, but I know not where else to place it. Neither does the Romney wine serve to solve the difficulty, nor the shrine of St. Leo the Martyr.

Ibid. Lamoreia can only be the Morea; but, as the subjugation of the Peloponesus was effected by Mohammed II. as early as 1460, it is difficult to believe that William Wey should only have learned the disastrous fact for the first time in 1462. The intelligence probably had reference to some of the sea-ports of the Morea, which remained in the hands of the Venetians for some few years after its conquest by the Turks. (Gibbon, chap. lxviii. vol. xii. p. 241, and Von Hammer, "Histoire de l'Empire Ottoman," livre xiii. tome ii. p. 60, note 5.)

Pp. 95—97. The expression which recurs frequently in these pages, of singing the Church hymns "in faburthyn," or "in faburthon," may be thought to require explanation. It is an English term equivalent to the " *cum notâ*" which occurs in College and Cathedral Statutes. The word is apparently compounded of the musical notation *fa* and the word *burthen*, or *burden*, so often associated with song. See Halliwell's " Archaic Dictionary," *sub voce.*

Pp. 99—101. It is a humiliating fact that we are forced to recognise in this hero of the Knights of St. John, that monster in human form, whose atrocities occasioned even Mohammed II. to shudder. Wlad, the voievode of Wallachia, is the Flake of William Wey, who earned for himself the terrible titles of The Devil, The Executioner, and The Impaler. Some idea of his sanguinary enormities may be formed from Von Hammer's account, l. c. pp. 83—92.

Pp. 101, 102. This Turkish armament, the destination of which was unknown to the writer, was directed against Mitylene in Lesbos, and resulted in the subjugation of that island. (Von Hammer, l. c. pp. 92—96.) The alarm of the Grand Master of the Knights of Malta, Peter Raimond Zacosta, and the extraordinary measures adopted by him, in the threatening aspect of affairs in the East, are fully narrated by Vertot in his History of the Knights of Malta, (vol. iii. p. 22.) It was not until 1480 that the Turks first attacked Rhodes, which was not finally taken, and evacuated by the few surviving knights, until January 1, A.D. 1523.

WESTMINSTER:

FROM THE PRESS OF JOHN BOWYER NICHOLS AND SONS.

M.DCCC.LVII.